U0580985

赚钱之道

写给普通人的致富心理学

王岩鹏 ◎著

山西出版传媒集团　山西人民出版社

图书在版编目（CIP）数据

赚钱之道：写给普通人的致富心理学 / 王岩鹏著
. -- 太原：山西人民出版社，2024.5
ISBN 978-7-203-13335-3

Ⅰ．①赚… Ⅱ．①王… Ⅲ．①创业－管理心理学－通
俗读物 Ⅳ．① C93-051

中国国家版本馆 CIP 数据核字（2024）第 072941 号

赚钱之道：写给普通人的致富心理学

著　　者：王岩鹏
责任编辑：张小芳
复　　审：李　鑫
终　　审：贺　权
装帧设计：仙境设计

出 版 者：山西出版传媒集团·山西人民出版社
地　　址：太原市建设南路 21 号
邮　　编：030012
发行营销：0351—4922220　4955996　4956039　4922127（传真）
天猫官网：https://sxrmcbs.tmall.com　电话：0351—4922159
E-mail：sxskcb@163.com　发行部
　　　　　sxskcb@126.com　总编室
网　　址：www.sxskcb.com

经 销 者：山西出版传媒集团·山西人民出版社
承 印 厂：三河市京兰印务有限公司

开　　本：710mm×1000mm　　　1/16
印　　张：12
字　　数：170 千字
版　　次：2024 年 5 月　第 1 版
印　　次：2024 年 5 月　第 1 次印刷
书　　号：ISBN 978-7-203-13335-3
定　　价：58.00 元

如有印装质量问题请与本社联系调换

前　言

　　著名的投资家和企业家罗伯特·清崎曾经说过，个人的财富，往往就是自己的思维。按照他的说法，富人之所以总是能够表现得与众不同，能够在工作中积累更多的财富，就在于他们拥有更加合理的财富观、独特的致富思维和方法，以及强大的心理。他们在面对金钱时，可以做出最合理的选择，可以选择最合理的方式来寻求财富的增值。相比于普通人，他们拥有更高层次的思维模式，在获取财富、管理财富的过程中，他们总是可以找到合理的策略和方法确保财富的安全性，并让财富获得更大的增值空间。

　　罗伯特·清崎在哈佛大学做了一次演讲，在演讲过程中说了这样一段话："老天赋予我们每个人两件伟大的礼物：思想和钞票。现在轮到你们运用这两件礼物去做自己想要做的事情的时候了，随着每一美元的钞票进入你们的手里，你们且只有你们自己有权决定自己未来该怎么走。如果愚蠢地花掉这笔钱，就选择了贫困；如果把钱用于一些负债的项目上，你们就有机会成为中产阶级；如果把钱用于投资自己的头脑，学习如何获取更多的金钱，那么未来将拥有大量的财富。选择总是自己做出的，每一天，面对每一美元，你们的选择都在决定自己将来是成为一名富翁、一个中产阶级，还是一个贫困的人。"

如果说思维决定了个人的财富，那么人们就需要培养更合理、更高效的致富思维来赚钱，实现财富的积累。尤其是对那些经济条件不好的人来说，想要实现个人财富的增长，想要成为有钱人，就需要想办法掌握更多的支付方法，就需要改变自己的心态和思维，努力学习富人的致富思维。

那么，什么是富人思维呢？或者进一步说，人们应该从哪些方面培养富人思维呢？

通过对富人的致富过程进行分析，就会发现富人身上具有一些共性，比如富人从来不会想着自己赚钱，他们会想尽办法让更多人替自己工作，替自己完成财富的原始积累；富人并不害怕借钱，并不害怕背负贷款，他们非常善于利用杠杆来提升自己获取财富的效率；富人往往会跳出常规思维，而且拥有更大的格局，因此他们总是可以发现普通人难以发现的商机；富人对于财富的管控非常到位，懂得如何支配自己的资产，并确保财富的安全性和增值属性，他们拥有一套独特的赚钱逻辑；富人懂得对自己进行合理定位，他们知道自己最想要什么，最适合什么，懂得寻找最适合自己发挥能力的舞台；富人树立了正确的财富观和价值观，而且拥有强大的心理，他们具备消除不利因素的信心；富人往往善于进行自我管理，他们在身体和心理层面上都能够做好致富的准备；富人从来不会盲目使用自己个人的力量追求财富，而是懂得借势，因此总是可以更加轻松、更加稳定地获取惊人的财富；富人从来不会妄自托大，在多数时候，他们更加懂得如何保护自己的资产。

从心理层面和思维层面上来说，富人往往要比穷人更加成熟，更有远见，也更能够看透事物的本质，而这正是本书需要重点讲述的内容。书中通过对富人思维的描述，为更多的普通人提供了致富的方法和策略，帮助普通人在思维层面建立起更加科学、更加高效的致富模式。本书一共十章，每个章节的内容都在引导人们如何构建更高效的赚钱思维。

同一般重点讲述致富方法的书籍不同，本书更加侧重于心理层面和思维层面的引导，让人们拥有更加灵活、更具智慧的经济头脑，让人们从一开始就树立正确的价值观和财富观，从而更好地管控和约束自己的行为，这也是本书的一个重要目的。

目录
CONTENTS

Chapter

学习富人思维，提升被动收入

改变为他人赚钱的思维模式

想要积累更多的财富，通常需要什么呢？有的人认为必须拥有出色的专业能力，然后将能力转化为金钱；有的人认为赚钱需要一点运气，运气好的人往往能够赚大钱，而运气不好的人，一辈子都与财富无缘；有的人认为勤劳可以致富，只要肯吃苦、肯努力，就可以获得更多的财富。

其实，无论是能力、运气，还是勤劳，都只能保证人们赚一些小钱，或者只能暂时赚到一些小钱。想要赚大钱，需要具备强大的思维模式，即所谓的富人思维。富人看待问题的方式往往与普通人不一样，他们对事物的认知也比普通人更深刻，他们的视野更宽广，在看待财富的时候也是如此。比如，在很多人的惯性思维中，人应该为自己赚钱，只有自己赚到的钱才是心安理得的，才是最稳妥的。在他们的认知模式和心理模式中，所谓的赚钱就是不断提升自己的能力，用自己的能力换取更多的报酬。

正因为如此，多数人在面对工作的时候，首先想到的是如何找一份工资更高的工作，或者应该去哪家公司上班。可见，在多数人的潜意识中，为他人工作是首选，多数人所认为的赚钱选项基本上也被束缚在"为什么人工作"这样的思维中。在一家普通公司上班，也许只有6万元的年薪；在国内的一家大公司工作，可以获得20万元的年薪；而在一家世界500强公司上班，可以获得50万元的年薪。人们的选择无非是"哪里的工资更高"，但本质上都是用自己的能力、健康和时间换取财富，收入也普遍偏低。

而富人则更加看重如何"让别人替自己赚钱"的模式，在他们的认知模式中，他们完全可以利用别人的能力创造更大的收益。简单来说，他们可以雇用那些有能力、能够创造价值的人为自己创收。

全球知名的企业家、投资家和财商教育专家罗伯特·清崎，曾经与财商专家莱希特一起写过一本畅销书：《富爸爸财务自由之路》，在书中，他们按照收入来源的不同，将所有工作者划分为四个象限，分别是雇员、自由职业者、企业所有人、投资者。

雇员基本上属于工薪一族，他们在工作中没有太多自主权，用于生产的工具、生产所需的原材料、生产出来的物品，大都属于雇主，他们的能力和时间也属于雇主，更重要的是，他们所创造的绝大部分收益都被雇主拿走了。正因为如此，雇员的财富增长速度很慢，只有极少数能力出众的雇员可以实现财富自由，进入富人阶层。

自由职业者不属于任何组织，也不必向任何雇主做出长期工作的承诺。自由职业者的时间相对自由，基本上都是为自己工作，用自己的精力和时间换取财富。自由职业者中也有一些高收入的人，但多数人的工作一般并不那么稳定，而且往往需要支付一定的成本和开支，所以很难实现财富自由。

企业所有者和自由职业者一样，拥有自己的事业和时间，相比之下，他们的收入会更高一些；如果说自由职业者是自己雇用自己，那么企业所有者则拥有一个更加完善的运行系统，他们会雇用更多人为自己工作，利用别人的时间、健康、能力为自己创造财富，从而实现财富自由。不过，企业所有者往往需要支付很高的成本，包括工人的工资、各种生产资料的投入，高额的成本投入也增加了风险。

相比之下，投资者可以更好地借助他人的能力赚钱，而且不需要支付高额的成本，只要选择好的投资项目，就可以借助金融杠杆赚钱，实现财富的倍增。投资者往往可以在短时间内实现巨额财富的积累。对于投资者来说，项目不是他们经营和管理的，也不是他们花费巨资打造的，基本上都是依赖他人的能力和时间赚钱。

对这四个象限进行分析就会发现，一个人如果想要实现财富自由，那么首先要做的就是摆脱自己雇员的身份，不要用自己的能力、时间来换取微薄的报酬，而应该想办法改变工作思维，让别人帮自己赚钱，或者说利用别人的能力、时间为自己赚钱。这里涉及两个概念：主动收入和被动收入。所谓主动收入就是人们需要花费时间、精力和健康去奋斗才能获得的收入，雇员、个体户都属于主动收入获得者，一旦他们无法继续投入时间和精力，那么相应的收入就会终止。而被动收入是指人们不需要亲自去做就能够获得收益的收入模式，就像聘用他人为自己工作一样，雇主不用亲自做事，却可以通过他人的劳动来获取收益。

以理发为例，假设甲、乙、丙三个人都是出色的理发师，都想通过理发赚钱，但是三个人的选择并不相同。甲觉得开理发店需要花费一定的成本，万一没有客源，会造成更大的损失，所以即便他一直努力提升自己的理发技术，却仍旧倾向于在理发店当雇员，每个月拿4000元的底薪，然后加上部分提成，一个月基本有7000元的收入。而乙则倾向于给自己打工，他开了一家小型理发店，自己既当老板也当理发师，他觉得这样做更加自由，也不用担心雇员工资太高的问题，扣除一些基本的成本之外，每个月大概能够赚10000元。

丙则与两个人的选择不同，他认为理发师想要赚大钱很难，自己开店招揽顾客太过劳累，所以就想出了一个办法：他出资成立了一家规模很大的理发店，然后聘用了一支15人的理发师团队，并且高薪聘用一名专业的管理人员当店长处理相关事务。按照这样的模式，他每年可以赚到差不多 40 万元。丙依旧不满足，随着自家品牌越来越有知名度，他产生了开连锁店的想法，于是很快开了 3 家分店，而每家分店每年可以为他带来差不多 30 万元的收入。之后，他又以加盟的方式拓展业务，加盟商只需花费 50 万元的加盟费就可以免费获得品牌的使用权和总部对理发人员的培训，以及店面装修的指导。就这样，丙很快拥有了超过 200 家连锁店。

各行各业都是如此，那些为别人工作的人往往处于利益分配的最底层，只能拿到少量的报酬，但他们付出的往往最多，而真正享受到最大利益分配的人，往往只需利用好别人的能力即可。所以对于人们来说，如果想要改变自己的命运，积累更多的财富，一定要先学会改变自己的思维，从"为他人工作"的思维模式转化到"让别人为自己工作"的思维模式上，借助别人的能力和聪明才智为自己赚钱。

聘用优质人才为自己赚钱

改变为他人工作的思维模式，尝试创造条件，聘用更多的人为自己赚钱。为自己的目标而奋斗，是实现财富积累的一种重要方式。不过聘用外来人员并不意味着一定可以赚到钱，不同的雇员往往具有不同的价值，雇员能力的高低直接决定了他们的价值，也直接决定了雇主的收益。

在聘用人才的时候，通常具有两种方式：一种是以规模取胜，简单来说，就是企业或者雇主大批量招收劳动力，这些劳动者具备一定的工作技能，但是技能水平不算很高，雇主也不需要他们拥有太强的个人能力和出色的技能，只要能应付工作就行。这个时候，企业或者雇主单纯依靠人力资源的规模来赚钱，他们对于人才的等级和水平并不怎么关心。当然，那些劳动力集约型企业本身就具有这样的招工特点，但是除了企业自身的特点之外，很多管理者和雇主的思维本身就很简单：哪怕一个员工每天只能带来 10 元的利润，也没有任何关系，因为只要招收 100 个人，那么每天就可以为雇主创造 1000 元的收益。

更进一步说，很多劳动力集约型企业本身也是可以改进的，优质人才的聘用完全可以提升工作效率，还可以帮助企业实现转型，从劳动力集约型向技术集约型企业转化。

第二种则是以质量取胜。这类企业或者雇主往往非常重视雇员的能力水平，他们只招聘那些能力很强的精英，这些精英可以解决本职工作中的相关问题，还可以超额完成任务，帮助雇主解决其他一些难度更大的问题。优质人才往往拥有这样的认知：知识和能力能够创造更大的价值。相比普通的劳动力，优质人才可以创造出更好的产品，可以为客户提供更好的服务，可以帮助雇主打响品牌。对于企业管理者来说，他们往往期待优质人才可以把企业的发展提升到一个更高的层次上。所以，从一开始他们就会提升招聘标准，也愿意为应聘成功的人提供丰厚的薪酬待遇，并且有意打造一个更加完善的管理体系和经营模式。

抛开企业发展模式和发展需求上的不同，这两种聘用模式往往会产生截然不同的结果。比如，很多加工工厂拥有几千人的队伍，但是一年的净收益可能还不到1000万元，而有的公司只有几十人的规模，却拥有几十亿元的营业额。原因就在于人才能力和素养的不同，有的人只是普通的劳动力，这些人创造的价值很低；有的人能力出众，才智过人，可以带来质的变化，帮助雇主在短时间内获取更大的利益。

　　某工厂准备招聘更多的工人，他们可以选择普通工人，也可以选择技术出众的技工。其中，一个普通工人每小时可以加工25件产品，但是产品的质量非常一般，因此产品的单价只能卖到40元一件；而一个经验丰富的技工，每小时虽然只能加工20件产品，但是产品的质量非常好，很多企业都需要这种高质量的产品，因此每一款产品的单价可以达到70元。而那些技术非常出众的顶级技工，每小时只加工10件产品，但是产品的质量达到了顶级的水平，很多外国企业愿意以200元的单价购买产品，而且供不应求。

这个时候就可以通过直观的对比来了解员工创造的价值和收益具有多大的差距：普通员工平均每小时可以创造1000元的收益，而经验丰富的技工每小时可以创造 1400 元的收益，至于那些顶级的技术工人，每小时创造的收益高达 2000 元。由此可见，越是优质的人才，越能带来更大的收益。

在当前的市场竞争中，人才竞争是最激烈的，作为生存和发展中最重要的资源，谁能够获得更多优质的人才，谁就掌握了更大的竞争优势，就可以在市场上展示出更强劲的发展动力和更广阔的发展空间。在聘用人才的时候，一定要尽可能选择优质人才，那么，什么样的人才称得上优质呢？企业在聘用优质人才的时候，具体需要参考怎样的标准呢？

很多时候，人们会直接依据个人的学历和阅历做出判断，比如毕业于名牌大学、有海外留学经验的人往往更受欢迎，有大公司或者跨国企业任职经验的员工更受器重。不过，高学历的人才不一定拥有高能力，那些在大公司做事的员工也不一定适合自己的团队。真正的优质人才必须拥有强大的能力，必须在岗位上展示出强大的个人能力，可以很好地处理工作中的相关事务、顺利完成相应的工作任务，并创造额外的价值。

需要注意的是，在聘用优质人才的时候，往往需要进行全局性考量，而不是将目光放在某一个具体的岗位上。简单来说，企业或者雇主需要确保自己聘用的优质人才能够完美地契合整个团队的工作流程，与整个团队完美互补，确保价值最大化，或者说所聘用的所有人才都是相互配合的，最终都以配合的默契度和协作的价值为标准。

主动让利，寻求更多的合作机会

许多人在追求利益的过程中，思维常常会停留在"自我优先满足"的层次上，在他们看来，整个世界的竞争就是利益的相互争夺，而利益本身又是固定的，别人如果获得了更多，就意味着自己得到的更少。事实上，不管是产业还是项目，其总体收益完全可以越做越大。只要懂得合作，那么双方不仅可以创造更多的财富，也能够确保彼此都能够获得更多的收益。

从社会发展的本质来说，社会的进步和发展本身就是通过分工与合作来实现的。通过越来越明确、细化的分工及密切的合作，整个社会的运作机制会越来越完善、高效，整个社会创造的价值也会越来越大。企业与企业之间、人与人之间也是如此。合作往往能够带来更大的利益，因为通过合作，人们可以实现优势互补，在充分发挥自身优势的同时，借助他人的优势来弥补自身的不足。不仅如此，一些能力、资源本身也需要通过互补的形式实现其价值，产生 1 + 1 > 2 的效果。

合作是社会发展的一种重要形态，也是一个基本趋势，但是如何才能实现合作呢？换句话说，人们应该如何吸引合作者，尤其是吸引那些优质的合作者？

一般来说，想要说服他人进行合作，往往需要拿出更大的诚意，更直接地说，必须给予对方更多的利益满足，通过让利来建立更稳定的合作关系。这种让利行为具有两种基本的模式：

一种是利益分享。通过利益共享打造更稳定的合作关系，也就是说，人们必须打破独享利益的想法，将相关的利益获得分享给合作伙伴。这样一来，双方就会因为拥有共同的利益和目标而保持密切协作。通过合作，人们获得的利益分成虽然少了，但是利益的总量反而得到了提升。

假设某人准备售卖一批机械产品，如果选择自己单干，那么一个月平均只能卖出10件产品，扣除进货成本花费的20万元（单一产品的成本价为2万元），可以获利3万元（每件产品的售卖价格为2.3万元）。为了提高自己的收益，他决定安排更多的人为他售卖产品。

一开始，他直接雇用5个人帮助自己卖货，无论产品卖得怎么样，每个月给予他们每个人5000元的月薪。第一个月，5个人一共卖出20件产品，获得46万元的营业额，扣除进货成本40万元、工资2.5万元，盈利3.5万元。可是第二个月、第三个月，销售量开始不断下滑，因为被雇用的人意识到即便自己不努力，也能拿到5000元的工资，他们开始消极工作。

很快，他采取第二种模式。他找到5个人，让他们担任自己的经销商，以2.1万元的单价将产品卖给这5个人，让他们自己销售，结果经销商依靠自己强大的营销渠道发展了大批下级经销商，并以2.2万元的价格卖给他们。一个经销商每个月可以出售40件产品。这时，他每个月可以顺利卖出200件产品，每件产品的利润为1000元，因此他每个月的纯收益为20万元，而每个经销商均可以获得 $40 \times (22000 - 21000) = 40000$ 元。

通过对比就会发现，当人们尝试让利给经销商时，就会实现双赢的局面，这也是合作的最初目的。虽然让利会导致单个产品的利润压缩，但是销量的增加会带来更大的收益。

另一种是"暂时的优惠策略"。一般来说，企业或个人在面对合作伙伴、客户时，先用免费或者低价策略吸引对方，给予对方最大限度的优惠，等对方适应了自己的服务模式之后，就会对相应的产品供应系统和服务模式产生依赖性，从而确保双方长久地合作。这种让利模式属于长线操作的一种方式，实施策略的人往往立足长远，通过暂时的优惠构建稳定的合作关系。当双方实现深度捆绑之后，就可以获得长远的收益。

比如某科技公司最初进军市场时，采用的是免费安装的策略。对于很多投资者和企业来说，免费意味着某一周期内会产生大量的成本消耗，且回报为零，而稍微有点经济学常识的人都知道，企业最终的目标是为了盈利，只有支出而没有收益，这绝对会破坏企业的发展平衡，所以很多企业拒绝做免费的项目。这些企业缺乏明确的战略思维，他们将目光锁定在当下，却忽略了时间的因素，不懂得通过让利提升自己的发展空间。

这家科技公司则跳出了传统的、僵化的运营模式，从一个更大的时间跨度来思考发展的问题。在公司的负责人看来，公司的成本支出是暂时的，未来一定会让这种免费的产品创造更大的收益，因为客户会渐渐依赖上公司的产品，后续的维修、保养、升级及相关的服务其实都和最初的产品捆绑在一起，客户的发展、运营工具开始被公司控制。

无论是第一种模式还是第二种模式，都是主动让利于人的典型表现，目的是通过让利打造更稳定、长久、开阔的合作关系。不过，在合作的过程中，需要进行合理评估，做好利益分配，确保让利行为可以满足双方的利益需求。过度让利或者让利不足都会影响彼此之间的合作。此外，让利行为具有一定的针对性，在面对不同的合作者时，可以采取不同类型的让利方式，有的是成本上的让利，有的是事后分成的让利，有的是给予固定的报酬，有的则是按照最终的收益进行分配。总而言之，让利的本质是为了满足合作者的切实利益需求，需要做到具体问题具体分析。

寻找一个好的平台，拓展自己的影响力

"我曾在康柏有一份舒适的工作，在当时看来，这份工作或许将伴随我到退休。但如今，像你们这一代年轻人或许都没听说过这家公司。1998 年，史蒂夫·乔布斯说服我离开康柏，加入一家几近破产的公司。这家快破产的公司也生产电脑。那个时候，人们对这些电脑并不感兴趣，更别说购买了。史蒂夫有一个改变一切的计划。而我，愿意加入他的计划中去。"

这是苹果 CEO 库克在一次大学演讲中谈到的话。1998 年之前，库克担任康柏电脑公司的副总裁。康柏电脑一度是市场上最大的 PC 企业，但是康柏和 IBM 公司在竞争中陷入价格战，各大厂商一再降价，导致市场的竞争秩序被彻底打乱，库克对此感到厌恶。他渐渐意识到无论是康柏还是 IBM 都已经陷入恶性循环当中，PC 业务很难再有起色，因为供应链已经彻底被破坏了。

就在这个时候，乔布斯向库克发出邀请，他希望库克可以与自己一起将苹果电脑的相关产品推向整个世界。乔布斯是一个非常出色的领导者，他告诉库克自己想要超越、创新以及改变世界的想法，同时谈到了自己的伟大计划。这些话彻底打动了库克，使他意识到苹果公司的平台要比康柏公司的层次更高，在苹果公司他才能实现自己伟大的理想。

　　1998年，库克正式加入苹果公司，着手对苹果公司的供应链进行改革。在他入职的第二个季度，苹果公司的业绩开始快速上涨。库克越来越受乔布斯的器重，乔布斯给了他更好的平台发挥价值，而库克不负众望，逐步将苹果公司的产品营销推向了高峰，也正是因为如此，苹果成为世界上最优秀的科技公司之一，甚至一度成为世界上市值最高的公司，库克本人也被乔布斯钦定为接班人，扛起了带领苹果公司继续发展的大旗。

　　人们常说，一瓶水在小卖部里只值2元，到了超市可以卖到3元，进入酒店之后就提升到5元，而到了星巴克，可能会上涨到20元。一瓶水的使用价值是固定的，价格却天差地别，原因就在于不同的平台为水增加了不同价值。一瓶水的价值如此，人们的发展往往也是如此，一个人的发展并不一定取决于个人的能力，很多时候，选择比能力更加重要，比如平台的选择。

　　打一个形象的比喻：个人能力像是成长道路上的发动机，平台更像一个方向盘，能力越大，发动机的动力自然也就越强劲，跑起来更加顺畅，此时如果方向盘不好，那么发动机动力再强，也无法到达目的地。一个稳健的方向盘，可以确保发动机更好地释放所有的能量，尽情驰骋。

　　一般来说，平台的层次越高，人们所拥有的资源也就越强大、优质，发展的需求就越容易得到满足。比如，小企业内部的员工和大企业内部的员工所享受到的社会资源明显不在一个层次，无论是人脉资源还是其他社会资源的获取，都存在巨大的差距。

　　好的平台可以帮助个人提高身价。处于高平台的人，个人的身份更高，影响力也更强。一个普通企业的员工和一个来自世界500强企业的员工，在社会上的影响力、知名度有明显的差距，外界对两人的认可度也往往天差地别。

好的平台还具备催化的作用。在一个好的平台上，人们更容易获得发展的动力。小平台上的人或许受到周边环境的影响，更容易感到知足。比如在一家知名的大企业上班，周围全部是社会精英，讨论的都是如何研发出改变市场的优质产品，在这种氛围中，个人能够激发出强大的发展动力，而在一些小公司内，可能每个人都习惯按部就班地工作，缺乏更强烈的上进心。

那些位于更高平台的人往往具有更加开阔的视野，而平台更低的人则容易被束缚在相对狭小的空间内。比如当一个人身处顶级富豪圈内时，他的认知通常也会得到有效的提升，看问题的眼光更加长远，而当一个人长期与普通人生活在一起时，看待问题、思考问题的方式也会受到限制，不太可能拥有更加开阔的视野。

总的来说，平台是个人释放影响力的关键工具，好的平台能够最大限度地释放个人的能力，而那些小的平台只会限制个人的成长。因此，人们在选择平台的时候，应该尽最大努力去追求那些有机会进入的最大平台。寻找一个好的平台，就等于为自己的成功增加了一道保险。

那么如何寻找好的平台？这里主要包含两种模式：

第一种是指选择好的学习平台或者工作平台，这样做的主要目的是为自己的能力提升创造更有利的条件。比如大学毕业生如果有机会进入跨国公司上班的话，就不要想着在小企业中熬资历，因为跨国公司能够提供更好的发展空间，能够帮助个人获得更大的成长、更宽广的视野，以及更高的思维层次。

第二种是指选择进入优质和高端的社交圈。许多人愿意购买高档小区的房子，愿意进入大城市生活，愿意与社会精英结交朋友，目的就是为了获取更多优质的社会资源。当人们的社交圈层次越高时，他们的信心、见识、能力、资源越能够得到有效的提升。而低层次的社交圈会阻碍个人的发展与成长，并限制个人的上进心。

对于多数人来说，想要拓展自己的影响力，让自己拥有更好的发展空间，就需要重点把握以上两种模式，争取让自己进入一个更高层次的发展通道。

懂得做事，更要懂得做局

在一个社会组织机构中，往往存在两种人：一种是负责做事的，另一种则是负责做局的。两种人扮演着不同的角色，也处于不同的层次。

做事是指将一件事情做好，讲究的是专业技术。社会上的多数人都在做事，像司机、医生、农民、律师、会计、老师等，都属于做事的人。做事厉害的人，往往会成为优秀的执行者，可以出色地完成任务，可以按照计划顺利实现既定的目标。对于人们来说，学会做事，掌握做事的基本方法，成为一个优秀的执行者是应对生活和工作的基本要求。

不过做人并不能只停留在会做事上。会做事只能证明自己善于执行，证明自己在某一项工作上具备出色的能力。工作不仅仅是执行，还在于计划，工作也不仅仅只有某一项任务，工作往往是体系化的，人们往往还需要关注其他方面的内容。真正能做大事，能够积累巨大财富的人，在学会做事的时候，往往还需要学会做局。相比于做事，做局的价值更大。

做局是指人们在幕后设计一个系统，运筹帷幄，掌控全局。企业家和团队领导往往属于做局者，他们不一定要掌握专业技能，其主要职责是引导更多的人更好地做事。善于做局的人往往会对全局进行综合性的考量，他们没有必要将注意力放在一事一物上，而是要总揽全局，确保方方面面都做到位，具体的事务安排具体的人去做。

通用电气总裁杰克·韦尔奇说过，自己的员工办事能力只要超过 60 分就行了，他不会强求一个员工必须达到 100 分的成绩，他也不会强迫自己必须在一件事情上做到 100 分，因为这对于他来讲并不合算，将大量时间和精力浪费在某一件事上，只会让他在其他方面失去更多的优势；同样的，松下集团公司的创始人松下幸之助曾经也说过一句话："我宁可我的员工每人用百分之一的力，我也不肯自己去用百分之百的力。"

对他们而言，一个企业家的使命是做局。做局需要兼顾大局和全局，需要确保整个体系的正常运转，而不是在单一事项上表现优异。很多优秀的企业家并不具备强大的专业能力。人们会发现，他们的研发能力并不突出，财务核算能力非常一般，市场营销能力算不上顶级，人力资源管理能力也够不上特别优秀。无论从哪个角度来看，他们都算不上优秀，他们真正厉害的地方就在于全面性和均衡性。他们可以引导不同岗位的人做事，而不是自己在某一岗位上浪费时间。一旦某个企业家在每个项目、每个岗位上都全身心投入，努力做到更好，那么当企业家不在的时候，整个公司就会立即衰败下去。

某公司创始人从创办企业的第一天开始，就跟着员工一起工作，他跟着研发人员一起研究技术，也带领市场部的营销人员一起跑业务，开拓市场，还与财务人员一同核算公司的成本与收益。事事都努力去做的他，很快赢得了员工的认同，员工都认为自己跟着这种身先士卒、事必躬亲的领导一定可以获得成功。可是创业多年，这家公司的发展一直都没有太大的起色，大家的努力并没有获得同等的回报。

创始人很郁闷，他认为自己为企业的发展几乎付出了一切，还全方位地提升了自己的能力，为什么企业的发展还会停滞不前呢？他找到一家管理咨询公司请教，结果咨询人员很快就发现了问题：创始人每天会花费 15 个小时应付各岗位上的具体工作，这直接影响了公司的管理水平。咨询人员认为公司管理者的任务是统筹全局，做好内部的管理工作，而不是将大量时间和精力放在具体的某一项工作上。如果放弃管理而追求具体的做事效率，那么企业整体的工作就会出现问题，整个体系的运转将会变得滞后。创始人恍然大悟，意识到了自身思维的局限性，于是开始主动改变自己的经营管理方式。

做事和做局是人生的两种状态，人们需要学会做事，但千万不能让自己停留在做事的维度上，一定要从具体的事务中挣脱出来，努力让自己上升到做局的维度上。如何做局呢？一般来说，做局的人往往需要构建一个强大的系统，将复杂的问题简单化，将简单的问题数量化，将数量问题程序化，将程序问题体系化。

以经营管理企业为例，做局的人需要拥有战略思维和战略眼光，能够做到高瞻远瞩，把握形势，制订相应的战略计划。接着必须能够发现价值，并在此基础上组建一支强大的、具有向心力的队伍。然后试着推出自己的产品，打造价格体系和相应的管理体系。通过产品的研发、生产和售卖，不断传递企业的理念与文化，拓展影响力。

需要注意的是，想要从做事跳转到做局，中间离不开一个环节，那就是学会做人。只有学会做人，才能吸引更多的人为自己做事，才能组建一支以自己为核心的团队，才方便自己腾出时间和精力做局。如果说做事是第一境界，那么做人就是第二境界，做局则是最高级别的第三境界。只有学会做人，才能让自己掌握做局的先机。

Chapter 2

掌握钱生钱的模式，实现财富倍增

运用复利思维，实现财富倍增

S先生准备在银行里存100万元人民币，按照一年的定期来存，利息是3%。S先生可以自由选择这笔钱的存储方式。

第一种：他只存一年定期，一年之后本金和利息共计103万元。

第二种：他选择存10年，但是每年都要将利息取出来，只存下100万元本金，10年之后，本金加上利息共计130万元。

第三种：他选择存10年，但是每一年的利息和本金都不取出来，而是算作下一年的本金，那么10年以后，本金加上利息共计：100×（1+3%）^10 =134.3916万元。

通过对比和分析，人们可以发现一点：同样都是存100万元，同样都是存10年，为什么第三种方案要比第二种方案多出4万多元，这里就涉及到复利思维。

在了解复利思维时，要先了解一个概念：单利。单利是银行储蓄中的一个概念，主要是指人们在存钱的时候，每次到了存款期限，就会把利息取出来，本金接着存。比如当人们定期存一年时，那么等到一年期取款时，储户会将这一年的利息取出来，然后本金接着存一年。而复利是指人们每年储蓄时，都会将上一年度的本金和利息作为这一年的本金，因此上一年度的利息也会参与下一年度利息的生成，从而产生利滚利的效果。

复利的核心理念是随着时间的延长，实现本金与利息的不断叠加。它不仅仅在储蓄中存在，也是一种非常高效的投资策略。在富人的致富心理当中，通过复利来增加财富是一个非常重要的选项，比如很多世界级的富翁，都将复利思维作为一种重要的赚钱工具。当他们持有某一家优秀公司的股票，或者投资了某个高回报的项目后，就会坚持长期持有股票，不会轻易退出，这样一来，每年都在增加的收益将会源源不断地创造更高的利息。当人们羡慕苹果公司的库克、微软公司的比尔·盖茨、谷歌公司的拉里·佩奇等人成为亿万富翁时，或许忘了一点，如果他们可以持有这些公司的股票20年，一样能够创造亿万财富。

从某种意义上来说，复利就是一种非常高效的杠杆，对于一些资金量不足的人来说，复利是一种积累财富的实用手段。不过，真正的问题在于，很少有人具备复利思维，很少有人有勇气坚持使用复利思维来创造财富，因为在使用复利思维增加财富的时候，往往需要关注两点：一点是足够高的回报率，另一点就是足够长的时间。

更高的回报率就意味着更快的财富积累，但高回报率应该放在时间轴上来考量，只有在较长时间段内都保持稳定地增长，整体的回报才会高，利用复利进行操作才能够真正创造更多的财富。

假设2003年的时候，有个投资者打算投资伯克希尔·哈撒韦公司，结果朋友站出来告诉他，这家公司的年回报率在过去几年时间里还不到20%，未来的发展并不被人看好。朋友建议他选择一家新兴科技公司，这家公司最近两年的年回报率达到了惊人的35%，是一个非常好的标的。不过投资者最终还是选择了伯克希尔公司，结果在之后的 20 年，伯克希尔公司的年回报率虽然表现不佳，但是也维持在 10% 以上，100 万元的投资最终带来了 572.75 万元的收益（$100 \times 1.1^{20} \approx 672.75$）。

而朋友投资的新兴科技公司，虽然头两年的年回报率一直在 40% 左右，但是第三年就快速下跌，还下跌了 10%，只能立即退出，3 年前投资的 100 万元，收益为：$100 \times (1 + 40\%) \times (1 = 40\%) \times (1 - 10\%) - 100 = 76.4$ 万元。

由此可见，投资者的年回报率虽然不高，但是贵在持续性好，因此放在 20 年的时间段内，收益还是比较可观的。而朋友的投资年回报率很高，但是时间很短，而且不稳定，复利的效用很有限。年回报率和时间是相辅相成的，两者缺一不可。正如著名的投资大师查理·芒格所说："累积财富如同滚雪球，最好从长斜坡的顶端开始滚，及早开始，努力让雪球滚得很久。"

复利思维往往建立在个人出色的观察和分析能力的基础上，投资者需要对投资标的进行详细的分析，需要具备出色的眼光和判断能力，找出那些在较长时间段内拥有获得稳定增长空间的优质企业。即便挖掘出了这些企业，投资者也需要保持强大的耐心和信心，毕竟有很多投资者虽然选择了不错的公司，但往往缺乏长期操作的信心和耐心。由于担心企业发展出现下滑的情况，他们可能无法坚持长期持有公司的股票，选择半路抛售，这同样会严重影响最终的收益，毕竟在年回报率可观的情况下，10 年期的复利与 20 年期的复利根本不可同日而语。可以说，真正选择复利的人，往往拥有强大的心理，他们懂得借助复利思维和效应来增加财富。

对于那些想要改变自身命运，实现财富积累的人来说，同样应该打破传统的赚钱思维和致富心理模式，积极培养复利思维，巧妙利用复利提升财富积累的能力。在借助复利思维积累财富的同时，也要注意定期分析和观察。任何一家公司、一个项目的发展都是有期限的，再优秀的企业也不可能一直保持高速增长的态势，再出色的项目也无法长时间提供稳定的收益。因此，复利的使用本身也是有期限的，应该尽可能和标的公司的发展状况相结合。

培养借贷思维，合理使用资本杠杆

在谈到投资安全时，有一条原则非常重要，那就是不要轻易借贷，有多大能力做多大的事。因为对普通人来说，借贷会增加额外的成本和风险，可能会造成更大的损失。很多人提起借贷，就会认为那是不合理的投资方式，其实借贷并非都不合理，很多富人会通过借贷的方式增加财富。普通人对借贷容易产生害怕和厌恶心理，很多富人反而会从正面角度看待借贷。在他们看来，只要投资项目有把握，那么可以适当通过借贷的方式打造一个金融杠杆，从而获取更大的收益。

假设甲乙二人打算投资一个项目，两个人分别持有 200 万元的现金，甲认为这个项目很有前途，于是毫不犹豫地投入了全部的 200 万元。乙同样看好这个项目，他不仅投资了 200 万元，还向朋友借了 200 万元，利息为 5%。假设这个项目的年收益率达到了 10%，那么一年之后，甲可以获得 20 万元（200×10%）的收益，而乙能够获得 30 万元（400×10% − 200×5%）的收益。

虽然同样只有 200 万元的本金，但是乙通过借贷，有效提升了收益，这就是资本杠杆的作用。对于那些优秀的商人和投资者来说，为了实现利益最大化，往往会通过借贷来吸收更多的资金，然后运用资本杠杆来撬动更大的利润。

特斯拉创始人埃隆·里夫·马斯克就是一个非常善于利用资本杠杆的企业家，他旗下多家企业都曾获得不同程度的融资和借贷。以特斯拉为例，由于汽车研发需要耗费大量资金，从2004年至2021年，特斯拉融资至少200多亿美元。这些资金在很大程度上缓解了特斯拉的危机，同时将特斯拉推向了全球市值最高车企的宝座。

在收购推特时，也是如此。440亿美元的巨额资金对比马斯克高达2500亿美元的身家，似乎算不上什么负担，但考虑到马斯克财富的很大一部分是与特斯拉的股票相互捆绑的，所以需要贷款和融资。美国证券交易委员会（SEC）的一份文件就揭示了马斯克的融资计划，其中包括130亿美元的银行贷款和210亿美元的现金，以及125亿美元的保证金贷款，抵押物则是他持有的特斯拉股票。考虑到特斯拉股票的波动性，银行并不放心放贷，于是就让马斯克质押了大约650亿美元的特斯拉股票。

而早在推特私有化交易之前，马斯克就曾质押了8800万股特斯拉股票申请了一笔保证金贷款。知名的研究公司Audit Analytics曾给出一组数据，马斯克用于申请抵押贷款的股票价值达到900亿美元。在美国企业高管和董事中，马斯克是股票获得抵押贷款金额最高的人。但大家都明白，尽管面临高杠杆，马斯克仍旧表现得游刃有余，收购推特对于未来他在其他产业的发展必定也会带来很大的帮助。

资本杠杆是实现财富翻倍的重要工具，尽管很多富人不会盲目使用借贷和杠杆的方式赚钱，但借贷思维的确是他们征服资本市场的一种有效保证。比如伯克希尔·哈撒韦公司就非常擅长用杠杆操控资本，他们撬动杠杆的方式就是借助保险浮存金。2011年，伯克希尔·哈撒韦公司的掌门人巴菲特在一次内部信件中提到了浮存金的好处。当时伯克希尔·哈撒韦公司已经连续8年获得保险利润，而且这8年来的盈利总计达到了170亿美元。巴菲特对于未来充满了信心，认为保险业务在将来绝大多数年份会继续带来不菲的盈利。而这笔保险浮存金几乎不需要什么利息，因为当投资者投保一大笔钱时，往往需要向公司支付费用，而公司则以近乎免费的方式将这些资金用于投资，所以巴菲特非常自豪地说："这样做，我们想不赚钱都难。"

对于投资者来说，合理使用资本杠杆往往会带来巨大的收益，而错误地使用杠杆则容易引发更大的亏损。很多企业就是因为过分痴迷资本杠杆，并且不注重操作方法，从而直接导致自己破产。因此在使用借贷工具时，投资者必须做到谨慎、合理。

首先，要确保潜在的收益大于借款成本，因为借贷本身会产生一些成本，这些成本无疑会增加借贷的风险。在借贷之前，投资者需要做好评估，弄清楚资本回报率，确保资本回报率大于借贷成本，此时就可以放心大胆地借贷，否则这笔借贷会变成不良借贷，增加还款的风险。

其次，一定要确保投资风险是可控的，简单来说，投资者在计算盈利的时候必须懂得敬畏风险，并对风险进行评估，确保自己投资的产品和项目在自己的掌控之内，自己也有能力在负债的情况下顺利完成还款，并实现盈利。对于普通人来说，像期货、股票之类的大风险投资，最好还是保持谨慎，千万不能冲动行事。

最后，借贷投资一定要避免孤注一掷，必须学会控制风险，而控制风险的重要方法就是避免豪赌，否则当风险和危机出现的时候，投资者会面临资金流断裂的危机，最终陷入绝境。

总的来说，借贷是一把双刃剑，对于能够合理掌控它的人来说，可以通过资本杠杆的巧妙运作，以最小的投入获取最大的收益。

学习理财知识，丰富自己的赚钱渠道

财富本身的范畴很广，种类也很丰富，它们是改善生活、提升价值的重要工具。那些善于积累财富的人，懂得"如何利用财富创造更大的财富和价值"，他们往往会产生一种强烈的财富增值心理，会不断思考"如何把财富的价值最大化"，以及"如何将财富与生活巧妙地结合起来"。那么，如何才能让财富创造更多的财富呢？最简单的方法就是理财。人们需要培养理财心理，并主动掌握更多的理财知识。

什么是理财呢？所谓的理财简单来说就是赚钱、省钱、花钱的方法，属于管理钱财的方式。理财的方式多种多样，人们应该用科学、理性的态度面对理财，并掌握更多更为合理、高效的理财工具。

比如，多数普通人所谓的理财往往以储蓄为主，他们认为储蓄不仅可以保证本金的安全，还能带来利息，是一种非常好的理财工具。从安全性来说，储蓄的确扮演了重要的角色，但是从财富增值的角度来说，储蓄并不是理想的理财工具，因为绝大多数正规的银行和储蓄机构所能支付的利息都非常低，甚至连通货膨胀也跑不赢，这样就会导致存的钱越多，存的时间越长，实际的购买力越低。

储蓄是一种比较实用的理财方式，但它的缺点很明显，如果想要财富快速增值，那么储蓄绝对不是一个好的选项。人们需要掌握新的工具，比如股票投资。相比于储蓄，股票能够帮助人们快速实现财富的积累。不过股票投资的风险也很大，普通人很难在股市中赚到钱，即便真的选择投资股票，最好也要控制好量。至于期货，虽然很容易赚大钱，但普通人最好不要触碰，以免倾家荡产。比如美国知名作家马克·吐温就是一个喜欢购买股票的人，但是他对于股市投资的技巧几乎一无所知，所以屡战屡败；牛顿也痴迷于通过炒股来赚钱，在1720年的时候，他曾购入英国南海公司的股票，仅仅过了两个月，就实现了翻倍。牛顿非常高兴，于是出售了手里的股票，可是到了7月份，这只股票竟然不可思议地上涨了7倍，这个时候，牛顿非常懊悔，于是花费巨资重新购入股票，结果股价很快下跌，他也因此损失了2万英镑。

也有人会选择购买一些投资机构和银行推荐的理财产品，虽然市面上也存在一些回报率不错的理财产品，但是一定要擦亮眼睛去分析和挑选，因为大多数理财产品的收益不尽如人意，那些被人吹得天花乱坠的理财产品更是存在很多问题，投资者在购买相关产品时，一定要保持谨慎。

如果条件允许的话，可以选择购买国债。一般来说，国债的收益率比储蓄高，稳定性和安全性又超过股票。在没有找到非常理想的投资标的时，许多人会将国债当成好的投资标的。

房产投资也曾一度成为理财的首选，但是现如今房产市场低迷，房产出现了过剩，流通性受到了很大的影响，就不要轻易将钱投放在房产当中了。与之相似的是黄金，许多人喜欢炒黄金，但金价如今已经处在较高的位置上，短期内上涨的空间并不大，而且容易受到国际金融环境的影响，因此也不适合普通投资者入手。

保险也是必备的理财工具，保险可以有效抵御风险，保护资金的安全。对于普通人来说，一定要懂得购买相应的保险，这样就可以在疾病和意外到来的时候，尽可能降低自己的损失。

理财的方式多种多样，理财工具也层出不穷，重要的是在保障资金安全的同时，获得较为稳定的长期收益。

需要注意的是，在理财的时候需要打造一个更为均衡、合理的资金分配模式。可以参照标准普尔家庭资产配置象限图，在这个图中，资产被分成四个部分，分别是用于家庭应急和保命；用于日常开销；用于投资增值；用于确保本金安全、收益稳定。

用于家庭应急和保命的钱主要包括日常的一些储蓄和保险，用于治疗疾病和家庭救急，这一部分占 20% 的比例。用于日常开销的钱主要是为了支付日常生活的基本开支，它的比例一般需要控制在 10% 左右。在理财的时候，投资者一定要改掉一些不良习惯，比如过度消费和奢侈消费，当自己的收益无法支撑自己的支出时，就要懂得克制消费的欲望，减少消费的频率，降低消费层次。比如在新冠肺炎疫情防控期间，有些人的收入受到了很大的影响，这个时候如果还保持以往的消费习惯，就会给自己的生活带来很大的麻烦。用于投资增值的钱可以通过一些项目投资、购买股票和购买理财产品等形式呈现出来，这部分的钱一般要控制在 30% 左右。至于那些保护本金安全且能够实现长期收益的钱，一般包括信托类资产、养老金、教育基金、债券等，这部分的钱一般为 40% 左右。

对于一般的家庭来说，可以按照这种资产分配比例进行理财，确保收益和支出的合理化。当然，在具体落实的时候，人们需要依据自己的实际情况来分配。

聚焦少数几个回报率高的项目

著名学者哈里·马科维茨一直都提倡投资多元化，在他看来，多元化投资是分散风险的一个关键方法，尤其是当那些持仓股票完全不相关时，股票涨跌的风险完全可以实现有效的对冲。不过哈里·马科维茨只关注风险对冲，却忽略了一点——投资多元化往往会导致收益被那些亏损的项目稀释掉。可以说投资越是多元化，投资收益越偏低。

比如，有人曾做过一个特殊的调查，发现从1926年以来，美国股市的所有回报几乎都是由回报率最高的1000家公司提供的，然而这些公司所占的股票数量在市场上只有不到4%。而像IBM、微软公司、苹果公司、通用电气、美孚石油等巨头，都为市场贡献了至少5000亿美元的股东回报。显然，绝大多数企业并不能创造惊人的利润和回报，对于投资者来说，盲目分散投资和多元化，只会让自己的收益受到影响。

真正优秀的投资者会控制好投资标的的数量，他们只会将资金集中在少数几个高回报率的优质项目上。英国股票投资领域杰出的投资大师吉姆·斯莱特曾经提出祖鲁法则，这个法则源于一场战争。1879年，南非祖鲁族士兵为了驱逐和对抗强大的英军，在伊散德尔瓦纳战役中集中兵力对付1000多名全副武装的英军，最终依靠落后的冷兵器打赢了船坚炮利的英军。吉姆·斯莱特由此受到启发，认为投资也是如此，人们需要做的就是集中资金和精力投资自己最擅长的那些项目，从而确保能够获得更加可观的回报。

沃伦·巴菲特多次强调："多元化投资就像诺亚方舟一般，每种动物分别带两只，最后变成了一个动物园。这样投资的风险虽然降低了，但收益率也同时降低了，不是最佳的投资策略。我一直奉行少而精的原则。我认为大多数投资者对所投企业的了解不透彻，自然不敢只投一家企业而要做多元投资。但投资的公司一多，投资者对每家企业的了解相对减少，充其量只能监测所投企业的业绩。"

巴菲特的私人飞行员麦克（Mike Flint）一直以来都非常敬佩巴菲特，他也非常好奇巴菲特究竟是如何积累亿万身家的。有一次，他向巴菲特请教如何通过投资变成一个有钱人。巴菲特想了想，建议麦克先在笔记本上写下一生中自认为最重要的25个目标。麦克花费了几天时间思考，然后列出了25个自认为最重要的目标。巴菲特看了之后，又对麦克说："你现在从25个目标中找出5个自认为最重要的目标。"

麦克照做后，整理出5个目标，巴菲特又让他将之前的25个目标与现在的5个目标进行分析。做完了这一切，麦克非常感激地说道："我知道了，从现在开始我就重点实现这5个目标，另外的20个目标并不那么紧急，我会在闲暇时间去做这些事，然后想办法慢慢实现。"

巴菲特听了却连连摇头，"不，不，不，我想你搞错了。你之前挑出来的20个目标，不是你应该在闲暇时间慢慢完成的事情，而是你应该尽量避免去做的事情，它们根本不值得你为此花费大量时间和注意力。"

许多人认为投资具有一定的概率，所以想要提升投资的成功率，可以采取广撒网的策略，只要扩大投资面，只要想办法增加投资项目，保持分散的投资模式，总会遇到几个能赚钱的项目。但分散投资本身就意味着有可能选到一些不良的投资标的，投资越分散，遇到的不良投资标的也会越多，这样一来就可能导致利益受损。那些动不动就选择几十个项目同时投资的人，往往会被自己盲目的多元化投资消耗掉大量资金。而很多优秀的投资者可能一生中只投资了几个非常看好的项目，他们也正是依靠这些项目获得不菲的盈利。

投资不需要以量取胜，有时候想要实现致富，只需要把握一两次投资机会就足够了。很多伟大的投资者都坚持集中投资的策略，他们会将大部分资金投入自己最有把握的少数几个项目中。对于普通投资者来说，既没有分散投资的实力，又没有分散投资的条件，也不具备分散投资的精力，更应该保持集中投资的趋势，将资本花在那些最能带来回报的项目上。在实施集中投资策略的时候，投资者需要注意一个问题，那就是配合度。

集中投资时最好注重资金的合理分配，因为不同的投资标的回报率不同，风险也不一样。对于投资者来说，想要确保资金的安全与增值，就要进行合理搭配。比如可以同时投资上市公司和非上市公司，可以同时投资轻资产和重资产。

需要注意的是，投资者需要从众多备选项目中选择少数几只优质股，并确保这些优质股本身具有弱关联性的特点。也就是说，在进行集中投资的时候，不要集中投资同一类型或者关联性很强的企业，因为一旦风险到来的时候，所有的投资项目都可能会受到牵连。优秀的投资者会采取一种绝对集中、相对分散的资产组合投资模式，所选择的 A 项目、B 项目、C 项目之间缺乏必然的联系，这样即便某个项目受到了影响，也不会导致全盘失势。

投资追求的是一个长期结果，要沉住气

投资大师斯坦利·克罗被人称作"长线暴利大师"，在多年的投资生涯中，他以长线投资著称。20世纪60年代，30多岁的克罗借了1万美元，买下三个交易所席位，然后开了一家清算公司。为了证明自己是一个出色的股市分析师，他一直都在努力研究市场，然后把握住那些优质的投资机会。当时他非常看好糖市，为此花费了很多时间去研究市场，研究股市图形变化。不仅如此，他还主动向那些专业人士请教如何投资糖。在掌握了基本的知识后，他开始撰写投资分析报告和市场快讯，并且在坚持不懈的努力下，为客户和自己积累了庞大的糖的多头仓位，当时糖的平均价格是2美分／磅。

克罗对于这个价格很满意，他认为即便是麻布袋的成本及装糖工人的人工费加起来也要超过一袋糖的价值，那么以2美分／磅的价格购入股票，肯定不会出现亏损。但事与愿违，糖市场并没有如期向上走，而是不断下跌，并且从2美分／磅一路下跌到1.33美分／磅。这样的跌幅让很多原本看好糖市的人纷纷抛售股票逃离。

克罗有些心慌，毕竟自己也亏掉了三分之一的资金，但他凭借着敏锐的感知能力和强大的心理素质，始终认定这不过是因为糖的价格落入历史性低点，之后必定会出现反弹。不仅如此，他发现当时很多职业空头杀出，又检查了长期和季节性的图形，发现从长期来看，糖市一定会不断上涨，所以他一直坚持不放仓、不砍仓。1969年，市场开始不断上扬，迎来了长达5年的牛市，到1974年的时候，糖的价格已经达到了66美分／磅，克罗也因为自己的长期等待获得了丰厚的利润。

在对待投资的时候，许多人常常不愿意长时间坚持和等待，比如，很多人认为投资就是赚快钱，他们不愿意长时间等待，不愿意花费更多的时间积累财富，反而倾向于短期内积累大量的财富。这种强烈的渴望会导致他们选择短期投资的方式，然而所谓的赚快钱往往需要更加高明的技巧，以及更好的运气，否则普通人很难在短期投资当中赚到快钱。

又如，很多人在选定一个好的投资标的之后，常常因为一时的波动和亏损而丧失信心，提前放弃，他们往往缺乏等待的耐心和勇气。然而一时的波动和亏损只是一种常态，任何事物的发展都会经历"上涨"和"下跌"的阶段性波动，但无论怎样波动，都不会过多地偏离事物原本的价值，反而会在波动中逐渐向其内在价值回归。

所以，真正想要实现财富的积累，一定要脚踏实地，要坚持从长远考虑，要注重事物的长远发展，毕竟财富的积累本身也需要一个过程。在坚持长期投资的时候，投资者应该看重那些拥有长远发展空间的投资标的。比如，一家公司具有长期的竞争优势和巨大的发展潜力，那么就值得长期持有该公司的股票。如果一个项目在未来拥有巨大的发展空间，能够带来超额的回报，那么就值得长期投资这个项目，不要半途而废。一旦选择了一个值得长期投资的优质项目，就要想办法保持稳定，不要被一时的波动困扰——出现亏损就立即抛售，或者出现了短暂的盈利就迫不及待地终止投资。

追求长线投资、长期结果，并不意味着长期持有股票一成不变，也不意味着长期投资某一个项目。因为任何一家企业、任何一个项目最终都会经历一个发展和衰落的过程，对于投资者来说，必须尽可能地避免在投资标的走向衰败的时候继续持有。

著名的投资人菲利普·卡雷特是一位非常出色的长线投资者，在管理先锋基金 55 年的时间里，他给股东带来了 13% 的年复合收益率。不过即便是这样的"大神"，也不会盲目地将长线投资与永远持有等同起来。每隔一段时间，他会选择新的投资标的。那些看起来很优秀、回报率很高的股票，往往会在恰当的时机被他抛售。

他曾这样告诫投资者："如果一个公司的盈利已连续增长 15 年，那么下一个年度的情况可能会比较糟糕。"严格来说，他推崇长线投资，但并不迷信某一只股票会一直上涨，或者一直保持高位。从股市发展的规律来说，任何股票最终都会走向衰败。而投资者要做的就是在企业的发展情况变得更加糟糕之前，抛售手里持有的股票。

关于什么时候开始抛售，并没有一个明确的界定，真正的问题在于两点。第一点，手中持有的股票已经明显露出颓势了，这时候就要早做打算。第二点，当投资者发现手里的股票下滑，而另外一只股票很有潜力时，可以选择抛售原先的股票。著名投资人约翰·邓普顿就是如此。当看到另一只股票的投资价值比当前持有的股票还要高出 50% 时，他就会毫不犹豫地将其卖掉。这就是他持股的时间一般控制在 5 年左右的原因。

无论是为了止损，还是为了降低机会成本，投资者需要注意一点：保持长线投资是基本原则。投资者需要立足长远，以长远的利益获取为标准。但是，长线投资也有一个时间期限，一旦投资回报率下降严重，就需要考虑选择新的投资标的。

Chapter

贫困时，需要主动求变

跳出阶层思维的限制，敢想敢做

从某种意义上来说，每个人都处在不同的社会阶层。每个阶层都是由具有相同或类似社会地位的社会成员组成的。一个阶层的人通常会和同一个阶层的人交往，他们的生活方式、生活水平、认知水平、社交层次基本上差不太多。在相同的社会阶层内，人们容易受到彼此的影响，并形成一种相对固定且固化的阶层思维，很难出现不同思维的碰撞，这个时候自然也就很难看到、想到阶层环境以外的东西。富人阶级、中产阶级和普通人三个不同阶层的人往往拥有不同的思维模式。

比如一家公司内部的基层员工，他们平时谈论的、思考的、计划的往往是在哪家公司上班，找一份什么样的工作，遇到什么样的老板……他们思维的出发点是如何寻找一份更能证明自己或者获得更多报酬的工作，通过出卖自己的时间和精力来换取一份更加"划算"的工作是他们关注的焦点。那些管理层的人，可能会考虑换一份更好的工作，或者自己创业、与人合伙开公司。而那些位于最顶层的 CEO 和企业家，他们会更多地思考如何成立另外一家公司，如何投资一家优秀公司，或者如何推出一款带动行业变革的产品。不同阶层的人，他们的视野不同，认知不同，看待事物的角度也不同。长期处于基层的员工，基本上很难制订开办公司的计划，也很少会产生研发一款引发行业革命的产品的想法。同样的，只有那些敢想敢做，勇敢跳出阶层思维的人，才有可能跳出阶层的限制，创造更大的社会价值，并积累更多的财富。

> 京东创始人刘强东曾经回忆说："我小时候的教育资源非常有限，老师就是村民、邻居，校长是小学六年级毕业的，是全村学历最高的。现在大家谈阶层固化，也有一定的道理。小时候信息不畅通，不知道这个世界真实状况是什么，觉得自己生活在广阔的农村天地，大有可为。小时候和全村村民经常坐在树底下，每个人……"

> 对于村子里的多数人而言，可能这辈子基本上就只能生活在农村了，或者更进一步，想办法到县城里谋求发展，但刘强东想得更远，他很早就想到了通过上学改变命运。高考结束之后，他在填报院校时没有选择本地的大学，而是选择了中国人民大学这样的名校。为什么选择去北京上大学呢？刘强东认为自己出生在一个小地方，如果上大学还在小地方，以后工作肯定也只能留在小地方了。他认为自己想要彻底摆脱困境，就需要走出当前的环境，跳出阶层思维的限制，向更高阶层的环境靠拢，而前往大城市是一个最好的选择，尤其是北京这样的大都市。在那里，他可以接触到更多新奇的东西，也有更多的机会改变自己的命运。事实也正是如此。正因为在北京上学和工作，刘强东个人的思维和视野都得到了质的提升，他才能够接触到互联网和电商，并成功创办京东。

阶层思维和一个人的智商、情商没有什么关系，它更多受制于个人所处的社会环境，当人们长期生活在某个社会环境中时，就会习惯身边人的看法，习惯身边人做事的方法，也会习惯于身边人思考问题的模式，这个时候，他就会慢慢被同化。想要避免被同化，想要拥有不同的视野和思维模式，就要大胆跳出阶层思维的局限，尝试着去思考周边人从来不敢思考的事情，然后去做身边人不敢去做的事情。

因此，想要跳出阶层思维，培养富人思维，首先要做的就是想办法提升自己，通过不断地学习来强化自己的能力，不断接受各种挑战，最好将自己的能力推向极致，这样才有可能形成突破，从而给自己增加更大的信心。

其次，要主动认识那些比自己更加优秀的人，想办法结交那些成功的富人，不要因为害怕去面对和接触他们而墨守成规，觉得自己只配和同阶层的人交往。石油大亨洛克菲勒在贫困时说道："我没有权力当穷人。"无论是谁，都有权力结交富有的人，都有权力成为一个富人。人们必须给予自己这样的信心，信心是实现自我突破的第一步。

最后，要尝试着像富人那样去思考问题，尝试着像富人那样去做事。尽管这很困难，甚至有时候模仿可能会显得拙劣，但是当人们有勇气去做富人才会做的事情时，他们的思维就会逐渐发生改变，他们会像富人一样去思考得更多、更深。

有一点很重要，跳出阶层思维并不一定是从下往上、从低到高的，那些位于更高阶层的人，一旦遇到困境，一样可以跳出自己的思维圈，向低阶层的思维靠近。比如阶层更高的人可能更看重全局和趋势，但是对具体的东西并不关注，但很多时候，人们需要从具体的细节上找到致富的密码。

走出舒适圈，勇敢接受各种挑战

当一个人意识到自己能够在相关领域内获取更好的发展机会时，往往会陷入一个发展的舒适圈，在这个舒适圈内，他不愿意做出任何改变，不愿意接受任何挑战，因为既得利益已经足够让他满足了。这个时候，他不会放弃眼前的利益而改变自己的方向。不仅如此，即便这个人面临发展的困境，开始遭遇各种阻力，也不会轻易做出改变，他害怕一旦自己做出改变，就会导致现有的那一点利益也完全失去。在这种心理机制下，人们会丧失奋斗的勇气和决心。

在 20 世纪的绝大部分时间里，柯达相机在胶卷领域占据了绝对的主导地位，1976 年，它更是占据了市场近 90% 的胶卷销量及 85% 的相机销量。可是随着数码技术的发展，柯达相机开始快速走下神坛，市场不断萎缩。这个时候，很多人都劝柯达的管理层尽早在数码领域做出战略部署，但柯达的领导者并没有听取这些建议。

原因很简单，那就是柯达的领导者一直沉溺在过往的辉煌之中，管理层不愿意放弃眼下的利益，一旦做出改变，意味着一切要从头开始。他们更希望继续活在舒适圈内。正因为如此，柯达最终走向了毁灭。

很多时候，人们都会犯下类似的错误。当一家企业拥有庞大的业务和市场份额，它通常会集中精力专注于服务客户当下的需求，而这有可能产生一个严重的问题，那就是导致内部创新能力下降，甚至因为害怕创新，企业不着急拓展新市场，也不着急试验新的技术和模式。在他们看来，继续当下的模式就可以牢牢掌控市场，可以赢得巨额的收益。时间一长，他们往往安于现状，更加害怕做出改变。

随着时间的流逝，这家企业的发展会变得困难重重，管理者也常常不愿意做出改变，仍旧想着如何对财报负责，对资产负债率负责。无论外界怎样变化，他们仍旧会按照原来的管理模式和技术模式继续发展，依赖传统路径寻求突破。

以互联网为例，对传统商业模式冲击最大的就是电商，可是很多传统商业模式下的店家一开始并不愿意做出改变，即便门店根本没什么生意仍选择坚守，拒绝做出改变，而由于专注于停留在舒适圈内，使得他们在市场上日益艰难。同样的，不少在传统电商领域获得成功的店家，在直播带货风靡的时候，也表现出了抗拒的心理，他们不愿意放弃电商领域的利益，哪怕这些利益已经非常微薄了。

沉溺于舒适圈是一个普遍的现象，很多人之所以难以把握商机，就是因为缺乏"破则立"的战略思维和勇气，而那些及时改弦更张、加入新赛道的人，能够不被过往的经验、模式和利益机制所干扰，大胆走出一条新道路。

著名经济学教授克里斯坦森提出了"创新者窘境"的概念，他认为当一些大企业拥有很大份额的市场之后，整个管理层往往都会围绕着如何服务这个稳定的市场而努力，领导者通常不愿意做出改变，也不愿意创新，最终可能会在时代产生变革时陷入困境，甚至被淘汰出局。在日常的经营管理中，企业领导者往往也会陷入这样的困境。他们害怕探索新的出路，害怕尝试新的方法而坚定不移地活在舒适圈内，这样会阻碍他们更进一步，即便他们意识到自己面临诸多困难，也难以改变自己的想法。正因为如此，如果人们想要获得更好的发展，就必须走出舒适圈，打破创新者窘境。

那么具体怎么做呢？

首先，可以加强发展弱关系。弱关系是斯坦福大学教授马克·格兰诺维特（Mark Granovetter）提出来的观点。他在研究人际关系网络效益时提出了强关系（亲人、朋友、同事、同学这一类生活在同一个圈子的人）和弱关系（生活圈以外的人）的概念。他发现在所有的就业渠道中，超过50%的人是通过那些一年可能只见一两次的圈外朋友来获取理想的工作，而只有16.7%的人通过所谓的熟人找到适合自己的工作。

马克·格兰诺维特认为弱关系常常会带来意想不到的帮助，很多弱关系反而是优质人脉的集中区域。所以，对于那些想要走出舒适圈的人来说，最直接的方式就是发展弱关系，去接触更多不同的人，了解不同的思维，体验不同的生活方式。

其次，主动接受更大的挑战，尝试突破自己的能力极限。健身界有一个很特别的概念：超量恢复，具体是指个人在锻炼身体之后往往会消耗掉大量的体力，可是在获得及时的休息之后，体能反而会高于训练之前的水平。超量恢复是身体代偿机制的一种体现，这种机制在个人能力培养和提升方面同样有效。比如当人们强迫自己去做一些平时不敢做或者做不到的事情，主动接受各种挑战时，个人能力往往也会得到提升，甚至慢慢实现能力的突破。

再次，在面对局势的变化时，一定要具备战略性和前瞻性的思维，要迎合局势的变化主动求变，提前部署，确保自己在巨变到来之前就做好准备，而不是沉迷于以前舒适的环境和模式中。人们还需要具备危机意识，要明确自己的任何成就都只是暂时的，想要获得更大的成功、获取更多的财富就必须继续前进、继续突破，而不是沉溺在固有的能力圈内。

最后，千万不要轻易给自己定型，认为自己这辈子只能成为某种人，而应该尝试着去思考自己还能成为什么样的人。人们必须坚信自己还有潜力可挖，深信自己可以变得更好。

掌握能力和价值成功变现的方法

在很多时候，人们会习惯性地将一个人没有赚到钱的原因归结为能力不足。能力问题确实会影响个人的收入。有些人会有这样的想法：只要自己有能力，只要自己的能力足够强大，那么就一定可以获得更多的关注，就可以利用这些能力赚钱。但在现实生活中，很多经济条件不好的人并不缺乏能力，也并非没有什么价值，真正的问题在于他们缺乏足够多的将个人能力和价值成功变现的手段，毕竟一个人拥有专业能力并不意味着就可以获得相应的高回报，想要让优质的能力产生优质的回报，往往还需要掌握出色的变现技能。没有一个好的技能和方法，个人的能力很容易被埋没，价值往往也无法得到充分的发挥，个人的能力和价值想要成功转化为财富就变得更加困难。

比如，很多运动能力出色的人当不了职业运动员，也就无法参加职业联赛来获得稳定的收入，那么这个时候，他们的能力也就无法变现，更无法养活自己。一些退役的运动员同样会面临这种困境，尽管他们具有出色的能力，但是由于缺乏有效的变现手段，使得他们没有办法积累更多的财富。

想要改变这种情况，提升能力虽然是一种选择，但更重要的还是在于提升自己的变现能力，想办法寻找更多的变现方法和渠道。具体应该怎么做呢？有的人可以前往学校担任体育老师，选择去大城市给那些练习体育的孩子担任私教，或者去一些健身机构担任教练。他们会想办法让自己的能力变成一种职业，变成一种可以出售和交换的商品。

对于那些想要创造更大财富的人来说，不要将注意力仅放在能力的提升上，还要培养自己的变现思维。需要注意的是，个人能力的变现有大有小，或者说变现技能的不同，个人的商业价值也就不同。想要确保个人能力产生更大的商业价值，就要寻找到更好的变现方法。

2019年互联网出现了一个新词：私域流量。所谓私域流量是指某品牌或个人自主拥有的、免费的、能够自由控制且可以多次利用的流量，像个人微信公众号、朋友圈、社群都属于私域流量。一般来说，私域流量的主体架构是朋友圈 + 自媒体 + 社群的流量聚集形态，然后搭配一个可点击的商品链接。

在互联网时代，尤其是自媒体突飞猛进的时代，人们有更多的机会获取发展空间，实现能力和价值的变现。这种变现技能往往更像是产品化技能，简单来说就是将自己的能力转化为产品。比如一些作家可以在公众号或者社群中给出自己的文章链接，阅读这些文章是需要付费的，这个时候文章就成了作品。有的人会在朋友圈和微信群中发送产品信息，同样也会给出相应的商品链接。

最近几年比较火爆的短视频和直播带货就是一个比较好的途径，很多有编剧和表演才华的人在此之前找不到有效的途径来发挥自己的特长，更别说利用这些特长和能力赚钱了。有的人可能也会拍摄视频来博取点击量，但始终表现得不温不火，甚至被很多人认为是不务正业。可是随着抖音、快手、西瓜视频等短视频平台的兴起，那些喜欢拍视频的人红透互联网。

他们可以通过自己拍摄的短视频来博取惊人的流量，并通过直播带货将其转化成个人的收益。他们常常可以借助丰富的表演、出色的口才、独特的人设赢得网友的关注，然后顺利卖掉直播间里的产品。

直播带货虽然卖的是产品，但本质上还是个人的能力、价值与形象。相比于传统的营销平台与营销方式，短视频和直播带货成了一个高效的杠杆，可以有效实现产品的复制与财富的倍增。如果对最近几年的直播人数进行分析，就会发现，很多普通人都热衷于通过短视频来吸引流量，然后借助流量进行卖货，而明星和企业家更是直接借助自己长久以来积累的流量进行直播带货，就连新东方创始人俞敏洪也创办了"东方甄选"这个品牌，在直播带货领域争夺市场。

从某种意义上来说，互联网平台的确是变现的绝佳平台，但绝对不是唯一的平台，直播也不是唯一的变现手段，人们需要找到适合自己的变现方法。无论变现技能是什么，都需要把握一些最基本的步骤。

首先，要懂得筛选目标用户，保持精细化运营的模式。谁也不可能要求所有人都喜欢自己，更不可能让所有人都为自己掏腰包，想要确保个人能力和相关内容的商业价值最大化，就应该努力吸引那些愿意主动靠近品牌，认可相关产品和品牌价值观的用户。比如有人想要通过写作来赢得更多的关注，那么先明确自己的写作风格和体裁，是严肃文学，还是通俗小说；是历史小说、言情小说，还是科幻类作品。不同的风格和体裁往往对应不同的读者，创作者需要提前做好筛选工作，锁定自己的目标用户。

其次，要选择合适的载体来宣传。可以通过一些线下的机构、门店，传统的传媒方式，以及朋友圈、自媒体平台或者社群等互联网平台，寻找最适合自己的载体，输出自己的优质内容。需要注意的是，在正式宣传之前，应该针对性地打造一个更好的个人形象。比如有很多卖珠宝的人每天都会在朋友圈推送几十条珠宝信息，这样做很容易引起其他人的反感，最终的结果就是大部分人会选择屏蔽信息，甚至屏蔽这个卖珠宝的人。可是如果她平时可以在朋友圈中发送一些更具生活气息的生活照，然后结合一些珠宝的佩戴来展示出自己对生活的精致安排，就可以慢慢让更多人感受到她的生活态度，并对珠宝产生一定的需求，这个时候再想办法推送珠宝信息就会显得更加自然、有效。

最后，在抓住更多的关注度和流量之后，就需要扩大宣传，坚持从点到面逐步拓展，争取让更多的人了解自己的能力和价值，让更多人看到自己的产品，这样就可以强化自己的价值转化能力，确保自己能够收获更大的利益。

总的来说，变现技能更多地和平台、方法有关，只要找到高效的平台，掌握好的方法，那么个人的能力就可以最大限度地转化成商业价值。

学会自我包装和自我营销，提升自己的身价

从营销学的角度来说，一个没有任何包装和营销的产品，即便是好产品，其身价也很难提高。许多人买月饼的时候就会发现，同样配料、同样做工的月饼，如果只是用普通的油纸包装，那么价格基本上是 5 元一个；如果用精美的盒子进行包装，然后对外宣传是手工月饼，那么单价可以卖到 20 元以上；如果用高档的礼盒包装，然后对外宣称是限量版的月饼，那么一个月饼可能要卖到 100 元以上。由此可以看出，身价随着包装和营销水涨船高。

在面对他人时，人们需要抓住一个基本的心理——无论是买卖交易，还是基本的社交，人们都喜欢那些外表更光鲜、包装更精美的东西。人和产品差不多，一个人如果不会自我包装和营销，就像产品一样，很容易因为包装不好而遭到市场的忽视，或者说严重影响自己的价值。而那些善于包装自己、懂得进行自我营销的人，往往可以获得更高的关注度。因此，人们需要积极转变思维，改变单纯提升能力的心理，花费更多时间和精力来包装自己。

地产大亨冯仑曾经说起自己的创业往事。1991 年，他和几个好朋友去海南创业做房地产，可是做房地产需要一大笔钱，他根

本没有那么多钱。当时他们几个人东拼西凑，凑了 3 万元，注册了一家注册资本为 1000 万元的"皮包公司"①，然后花钱给每个人都购买了名贵的衣服，接着他们就大摇大摆地走进一家信托公司，非常自信地告诉信托公司的老板：自己目前找到了一个非常赚钱的项目，并愿意出 1300 万元进行投资，而信托公司作为入股方只需要出资 500 万元，双方一起赚钱。信托公司老板觉得冯仑的话不像是无稽之谈，竟然没有细想就立即给了冯仑 500 万元。

有了这 500 万元，冯仑底气十足。他跑进一家银行，和银行的负责人谈论了自己的投资计划，然后做了一笔现金抵押贷款，最终顺利从银行贷出 1300 万元。当手中握有 1800 万元的资金后，他直接一次性买了 8 套别墅，并且很快全部转手卖出，从中顺利获利 300 万元。

今天看来，冯仑这种操作很大胆，有扰乱市场秩序或欺诈他人之嫌，如今这种做法会受到法律和大众的抵制，但他的确是一位自我包装和自我营销的高手，可以说他的第一桶金就是依靠个人出色的包装能力获得的。严格来说，自我包装和自我营销本身就是一种心理战术，用于迷惑和引导他人做出有利于自己的判断，而在自我包装和自我营销的过程中，人们往往要做到胆大心细。胆大主要是指个人要具备良好的心理素质，主动包装自己、夸赞自己，确保自己看起来更有能力和价值。自我包装和自我营销不一定就是吹牛，但有时候需要懂得给自己"镀金"，没有过硬的心理素质，一般人可能会在人前露怯。

心细则是对包装细节和营销细节的关注，确保自己的一言一行都很得

---

① 没有固定资产、没有固定经营地点及定额人员，只提着皮包，从事社会经济活动的人或集体。皮包公司可能涉及非法经营和欺诈行为，因此，要尽量避免与皮包公司打交道，避免陷入经济纠纷或法律风险中。

体，确保自己的内在形象、外在形象能够保持一致。很多人认为包装就是穿上更新的衣服，给自己套一个更光鲜亮丽的身份，这种说法不完全正确，好的包装和影响往往是由内而外的，需要掌握出色的包装技巧，需要控制好力度和细节，以及掌握更多的方法。

很多时候，人们在自我包装时会用力过度，导致言行浮夸、形象受损，反而让人觉得并不可信，认为这种自我包装缺乏真实性。有的人则更加看重自我包装的形式，不注重内容，这样一来就会显得非常空洞，以至于别人印象不深，根本记不住。还有一些人缺乏连贯性，自我包装的形象和自我营销的方法前后不一致，破坏了自己形象的同时，极大地降低了自己的可信度。

诺贝尔经济学奖获得者赫伯特·A.西蒙曾经说过这样一段话："随着信息的不断发展，未来有价值的反而不再是信息，而是人们的注意力。"如何才能更好地把握注意力呢？或者说如何才能在个人的包装和营销中把握他人的注意力呢？一个比较简单的方法就是故事营销，即通过讲故事来吸引他人。在各种营销方法中，故事营销是一种比较高级的营销方式。故事本身具备强大的吸引力，相比于枯燥无味的介绍，往往更具备穿透力，而且故事本身所包含的元素非常丰富，内在的价值体现也是多层次的，人们通过讲故事的方式可以更有效地传递产品价值、个人情感、价值观。在自我营销方面，讲故事也是一个上佳的选择，很多擅长自我包装的人就喜欢通过讲故事来抬高自己的身价。

故事营销一般分为以下几个内容：

告诉对方"我是谁"。一般需要对个人做一个立体的、全面的介绍，在介绍的时候，可以强化和凸显自己的身份，并进行适当的包装，让自己的身份更具吸引力。

告诉他人自己为什么会出现在对方面前。主要强调个人所扮演的角色，平时是做什么的，目前打算做什么。这些内容主要负责引出整个营销故事。

说出他人的想法和愿景。深入了解对方的心理，找准需求并激发出他们内心的渴望。

应该传递什么样的信息。给予对方什么样的价值输出，帮助他们更好地解决生活和工作中的需求。

价值观传递。个人的自我营销不能仅仅停留在能力的展示上，还必须注重价值观的展示和引导，这直接决定了个人的形象和品牌高度。

除了故事营销之外，想要更好地包装和营销自己，还需要借助一些更好的平台，利用平台的知名度和影响力来提升自己的价值，确保自己可以获得更多的关注。在利用平台的影响力进行自我营销时，可以选择几种常见的方法：第一种是强调自己与平台之间的关联性，比如自己以前在平台工作过，认识平台的负责人，或者自己曾经受到平台的关注和重视。第二种是为平台做宣传，强调自己对平台的向往，不仅可以利用平台的热度，增添自己的热度，同时还能激励自己变得更强。第三种是表态自己将会努力打造一个强大的平台，以此来表明自己的心志。

不要急着赚钱，先学会成长

　　股神巴菲特从 24 岁开始就为导师本杰明·格雷厄姆工作，这种工作一开始几乎是免费的，只能得到很少的报酬。他坚持工作了几年之后，报酬几乎没有任何实质性的增加，很多朋友劝他离开，毕竟按照他当时的能力，完全可以找到一份薪水不错的工作。可是巴菲特拒绝了朋友的好意，还是坚持留在格雷厄姆身边，而且他仍旧和以前一样，从不过问自己的薪水应该是多少。在他看来，自己在格雷厄姆身边学习，远远要比获得多少钱更有意义。

　　石油大亨约翰·洛克菲勒大学毕业后，进入父亲的石油公司上班，父亲并没有给他安排任何管理职位，而是让他从最基层的岗位做起，和那些普通职员一起上班。很多人对此很不理解，洛克菲勒的父亲既然同意让儿子进入公司工作，为什么不直接提拔儿子呢，何况大家都知道他们的父子关系，洛克菲勒完全可以提前进入管理层，为以后的接班工作做好铺垫。可是洛克菲勒的父亲认为，儿子并不着急上班赚钱，也不急于进入管理层，相比于这些，儿子最重要的是学习更多的基础知识，了解更多有关石油公司的事务并打好基础，这样才能更好地掌控整个公司。正是因为如此，洛克菲勒在石油公司底层锻炼了好几年，然后慢慢晋升进入管理层，而这个时候，他的能力、经验和心智都足够适应管理层的工作了。

在生活和工作中，很多人往往会将赚钱当成唯一的目的，当他们进入社会之后，首先想到的就是赚钱，哪里的工资更高，哪里的待遇更好就选择去哪里上班，什么东西更赚钱就做什么。由于迫切需要赚钱，人们可能会做出错误的选择，可能会在准备不充分的前提下采取一些冒险的举动。最显著的就是炒股。许多大学生也喜欢炒股，但是绝大部分炒股的人并不了解炒股是怎么一回事，也不具备炒股的能力，所以很容易在股市中遭遇困境。

从心理学的角度出发，人们越是渴望做某事，越是期待实现某个目标时，往往越容易遭遇失败，因为人们会被自己的迫切心理所阻碍。赚钱并不是一蹴而就的，财富的获得往往需要一个过程，需要人们不断努力、不断积累，而这种积累的过程需要一种持续的能量输出来支撑，简单来说，需要拥有真才实学、出色的能力和可持续的价值输出。从某种意义上来说，一个人能够赚多少钱，能够获得多少财富，个人的成长属性是关键，也是一个基本因素。如果一个人的成长程度不高，个人的层次处于低层阶段，那么无论怎样做，也很难依靠自己的工作获得巨额的财富。想要积累更多的财富，就要具备获取更多财富的能力，就算具备获取更多财富的能力，还要具备管理更多财富的能力，也要具备更加成熟的思维和心智，确保自己能够更合理地驾驭财富。

相比于着急赚钱，先想办法提升自己，充实自己，打造属于自己的核心竞争力往往更加重要。俗话说"磨刀不误砍柴工"。想要自己收获更多，那么就要想办法让自己变得更强大，让自己获得更快的成长。只有获得了成长，财富的积累才会水到渠成。

很多成功的企业家和创业者在赚钱之前都曾花费大量时间和精力来提

升自己的能力。他们努力学习新知识，掌握新技能，同时不断优化自己的思维，为的就是让自己能够配得上想要的东西。这些成功者往往更加看重知识的重要性，更懂得"最大的投资就是投资自己"的道理，他们对财富很看重，但并不那么迫切，相比于其他人总是想着今天或者明天应该赚到多少钱，他们更加关心的是未来的自己会成长到什么地步。他们愿意在冲刺之前做好各种准备，并且愿意一辈子都保持学习和提升自我的劲头，打造一个更加丰富的知识体系。

人生有各种各样的机会，但机会总是留给有准备的人。所谓的有准备就是指个人在获取财富之前要努力学习，提升自己，给自己的成长积累更多的能量和动力，其中包括专业技能的提升、思维层次的提升、视野的拓展、心智的提升。也就是说，人们需要提升自己的内在价值。

一般来说，人们可以选择一份自己喜欢或者擅长的工作，然后花费时间继续深造，将大量时间和精力放在学习上，努力学习新知识、新技能，并且向行业内的精英请教，确保自己可以积累更加丰富的工作经验及更出色的技术。为了保持成长的状态，可以给自己设置一个个阶段性的成长目标，始终以实现成长目标为主。

人们还要主动给自己安排一个相对安静的成长和学习空间，有条件的话，可以设置一个安静和封闭的空间，目的就是为了阻挡来自外界的干扰、物质生活的诱惑及外在环境的刺激，确保自己可以安心做好自我提升的工作。比如，在努力学习和进行自我提升时，要尽量避免参加一些无意义的社交活动，要远离嘈杂的环境。

除此之外，人们还需要做好选择，改变以薪资高低为标准的工作评判理念，不要认为工资越高，工作越好，应该注重工作给个人带来的成长性。简单来说，人们在这份工作中的成长空间如何，个人是否可以获得更大的成长，个人是否有机会实现自我价值的提升等，远比赚了多少钱更加重要，而且从长远来看，个人的成长空间越大，积累的财富往往也就越多。

Chapter

把钱省着花，才有机会花大钱

不要沉迷于消费和享受

中国财经网在 2021 年曾经做过一项调研，发现在一线城市，大约 40% 的单身青年都属于"月光族"，而随着城市等级向下，青年的月收入逐步降低，"月光族"的比例也开始大幅提升，比如在四五线城市的单身年轻人中，"月光族"所占比例可能高达 76%。为什么单身青年更容易成为"月光族"呢？其中一个重要原因就是他们没有家庭生活的负重，常常沉迷于消费，诸如很多城市的白领青年倾向于小资的生活方式，每个月都会将一大笔钱花在衣服、化妆品上，其中不少人会购买奢侈品，即便这会花费大半个月甚至是一个月的工资。很多年轻人为了提升消费的档次，还会选择信用卡消费，通过借贷的方式满足自己消费的欲望。而这样的人想要积累财富，想要变成有钱人往往会非常困难，一旦消费形成了一种惯性，就很难存下钱，更别说积累财富了。

过度消费是一个普遍存在的社会话题，而它所指向的就是财富的支配问题，以及个人对财富的认知问题。从某种意义上来说，沉迷于消费和享乐主义的人，往往没有树立正确的金钱观和人生观，也没有出色的财富管理能力，他们根本没有办法掌握财富增值的密码。也许很多人会相信这样一句话："钱不是存下来的，是想办法赚的。"在他们看来，开源才是增加财富的关键，节流并不是，因为真正的有钱人根本不需要节流。实际上，他们都忽略了一个重要的问题，一个人想要赚到更多的钱，首先需要一笔撬动财富增值开关的本金，发财也需要本金，如果连本金都存不了，又如何启动那些带来更多财富的项目呢？

多数人的资金积累都是从打工开始的，人们更应该懂得钱的重要性，不过很多人在打工之后，并没有把钱存下来，而是将其挥霍掉，耽于享受的他们直接成了"月光族"和负债一族，最终陷入"打工赚钱—消费—继续打工赚钱—消费"的恶性循环。有的人打工十年，在积累本金后开始自主创业，实现了人生的逆袭；而有的人打工十年，同样赚了一笔钱，但因为提前花完了，因此下一个十年仍旧只能依靠打工来生活。

正因为如此，人们才需要合理控制开支，合理支配赚到的每一分钱，除了生活必需的开支之外，最好减少不必要的消费，尤其是一些奢侈品的消费。享受生活同样很有必要，但耽于享受就会给生活带来很大的经济压力，大量不必要的消费会严重压缩生活的其他正常开支，也会消耗掉最基本的存款，而存款是人们生活的基本保障，也是创业和投资的原始资金。如果把钱都花在消费上，那么人们的生活将会失去安全感，也难以通过钱生钱的方式获得更多的财富。

即便是有钱人也不能过度沉迷消费，不能耽于享乐，因为过度沉迷于消费不仅会浪费钱，还会侵蚀个人奋斗的信心和决心，影响个人对财富的渴求。

　　搜狐总经理张朝阳很早就通过互联网积累了亿万身家，实现财富自由的他开始专注于享受生活。那个时候，他经常和朋友一起外出旅行，有时候心血来潮，想去国外喝咖啡，就毫不犹豫地坐飞机到巴黎；觉得无聊了，就让朋友叫上一大群年轻人一同去三亚，大家组队打沙滩排球。他还经常叫上朋友一起吃烧烤，跳迪斯科。他拥有很大的经济自由度，也能够尽情地享受生活，可是由于自我管理不到位，他反而觉得生活越来越空虚，越来越乏味，越来越痛苦。更令人感到惋惜的是，在他享乐的这段时间内，国内的互联网环境已经发生了巨变，阿里巴巴、腾讯、百度这样的巨头快速崛起，搜狐错失了最佳的发展时机，失去了国内互联网龙头老大的位置，还慢慢掉出国内互联网的第一梯队。

人们需要树立正确的金钱观和人生观，明白财富不仅仅是用来挥霍和享受的，赚钱的目的还在于自我价值的呈现。人们需要想办法控制自己的消费欲望，建立正常的、科学的消费习惯，制订更加科学合理的规划，确保自己不会因为过度消费而影响生活计划和资产增值计划。一般来说，人们需要制订一个清晰的账单，将每一笔开支列出来，然后设定每一笔开支的额度区间，比如每个月的电费、水费控制在 200 元～ 300 元，每个月买米买菜及购买生活用品的钱控制在 3000 元～ 4000 元，外出聚餐、看电影、旅游的钱控制在 2500 元～ 3500 元，看病的钱控制在 500 元～ 1000 元等。列出每一笔开支的额度，就可以有效督促自己合理支配每一笔钱，不会轻易浪费，更不会超前消费和过度消费。

需要注意的是，不沉迷于消费和享受，并不意味着把所有的钱都存起来，更不意味着成为一个守财奴。一个高财商的人一定会确保自己的资金是流动的，把财产完全锁在家里不过是资产管理的下下策，因为资金最大的价值在于财富升值，钱只有在流动中被激活并创造出更多的财富才有价值。如果一个人把钱存在银行里，抑制消费，那么不仅会影响生活质量，还会影响钱的流通价值。对于那些善于积累财富的人来说，消费本身是一种投资，也是一种财富增值的方式，他们会合理利用消费来创造财富和价值。

努力增加资产，减少负债

　　人们想要获得更多的财富，掌握赚钱的方法，首先需要了解一些基本的经济学知识，其中最基本的两个经济学概念就是资产和负债。

　　很多人对资产的概念并不了解，认为资产包括个人的房产、现金、企业、车子等一切可以兑换财富的东西，其实资产是指由企业过去的交易或事项形成的、由企业拥有或者控制的、预期会给企业带来经济利益的资源。简单来说，资产是能够带来持续收益的资源。比如，有人购买了一台面包机，然后每天都用这台面包机制作美味的面包拿出去卖钱，那么这台面包机就属于资产。同样的，如果有人购买了一套房子，然后随着房价上涨，房子创造了收益，那么这个时候，房子就是资产。

　　至于负债，也并不是所谓的欠下的债务，它是经济学词汇，是指那些不断制造消耗、不断产生成本的资源。简单来说，当人们拥有某件东西之后，一直为这件东西花钱，那这件东西就是负债。在日常生活中，负债比较常见，比如人们为了出行更加方便而购买汽车，购买汽车后每年都会产生一定的成本消耗，包括保险费用、维修费用、油费等，所以汽车属于负债。一些名贵的衣服也属于负债，因为拥有者每年都需要花钱进行专业的清洗和护理。

　　需要注意的是，资产和负债并不是固定的，在特定的条件下可以进行转换。比如，某人花钱购买了一辆汽车，每年需要为此支付一万多元的油费和几千元的保险费用，以及部分维修费、停车费、交通违规的罚款，这个时候，他的汽车就属于负债。某一天，他突然被公司辞退，失去了收入，为了养家糊口，他去开网约车，每天都有一定的收入，此时的汽车就具备了资产属性。可以说，汽车既属于负债，又属于资产，与之相似的还有房子。

了解资产和负债有助于人们更好地理解财富增值的密码，寻到真正可以实现财富增值的资源，这样一来，在进行个人资产配置的时候，就可以打造一个更加高效的财富增值体系。仅从定义就可以知道，人们在生活中应当尽可能地增加资产，然后减少各种不必要的负债。

首先，普通人想要增加资产，就要做好资产配置，比如设置一个稳定的储蓄账户，保留一部分资金；需要打造一个更高效的投资组合，尽可能投资一些回报率较高的项目，或者投资一些能够源源不断地创收的项目。这里强调的投资组合往往需要依据具体的情况来对待，投资项目可以控制在四五个，确保收益的稳定性。

假设 A 是一个普通的上班族，那么他在增加资产的时候，要先保证有一笔储蓄金，这是最基本的生活保障，然后购买保险和养老金。保险是为了防止意外发生时的巨额资金消耗，养老金则是为未来生活提供基本的保障。为了增加收入，他可以尝试和朋友一起投资，比如投资一家餐馆，每年获得分红，或者投资烧烤摊并出租给他人，定期获得租金。多元化的资产有助于提升收益，同时能够有效抵御风险。

其次，学会控制开支，不要将每个月的收入都花光，更要避免超前消费和贷款。许多人喜欢贷款，喜欢透支信用卡，这些做法无疑会增加个人的经济压力，影响生活质量，增加生活的风险。人们需要尽可能地避免消费那些负担过重的负债，在购买车子、房子、奢侈品时，需要量力而行，尽可能保证按揭贷款在个人偿还能力范围之内。一旦负债过重，个人也就没有太多的资金和能力去增加资产了。

比如，日常开支往往不可避免，但是任何一笔开支都应该进行合理规划，按照自己的实际情况合理分配，要清楚地知道一个月需要花多少钱用于买米买菜，花多少钱用于孩子的教育、衣服鞋子和零食，花多少钱用于家庭的医疗和娱乐活动。通过规划与分配，人们可以设定不同的账户，固定账户中的使用额度。需要注意的是，所有的开支都需要列一个总的账单，一旦某个账户过度开支，那么就需要在其他账户中节省。

再次，要注意资产和负债之间的转化，因为一旦条件发生变化，资产和负债之间往往会产生转化现象，这个时候就需要想办法将负债转化为资产，同时尽量避免将资产转化为负债。

以房子为例。十年前，房子具有很强的投资属性，尤其是一线城市的房子，只要及时购买，就会不断升值，这个时候的房子属于资产。虽然购买房子需要支付大量的贷款利息和物业管理费，但房子的升值空间很大，收益远远大于成本支出，因此购买房子可以作为投资手段。可是到了现在，房产已经饱和，城镇化也达到了 65% 以上，大部分房子已经不具备投资属性了，这个时候如果还沉迷于炒房，那么手里的房子就会变成负债。因此，人们需要依据具体的环境变化来管理自己的资产和负债，要尽可能减少负债，增加资产。

最后，财务管理是一个持续的过程，人们应该定期检查和调整自己的财务计划，最好每隔一段时间就检查一下自己的资产和负债情况，评估自己当前的经济状况，估算资产和负债是否达到了之前所设定的财务目标。如果不符合目标的话，就需要及时进行调整和优化，确保资产与负债的合理配置，保证个人财务的安全。

注意减少和控制无效成本

在寻求财富的道路上，人们往往需要做到两点：第一点，找到财富增值的方式，简单来说就是弄清楚如何赚钱的问题，这也是个人财富增加的关键。第二点，找到成本控制的方法，直截了当地说，成本控制就是为了减少开支和消耗，确保自己可以拥有更多的活动资金和保障金。无论团队还是个人，想要确保内部的正常运转，就需要想办法控制经营管理的成本，保证自己不会乱花钱。在谈到成本控制的时候，很多人容易走弯路，经常在一些错误的事项和环节上控制成本，该省的地方没有节省，不该省的地方却舍不得花钱。

为什么会出现错误的成本控制呢？主要原因就在于人们在进行成本控制的时候忽略了一个问题，那就是成本本身包含两个部分：有效成本和无效成本。很多人在进行成本控制的时候将注意力放在了有效成本的控制上，而忽略了对无效成本的控制。

有效成本是指能够带来价值增值和利润增加的成本支出，它可以取得正面的效能。有效成本对于企业和个人的发展具有重要的促进作用，如果没有有效成本的支出和投入，也就无法产生效益。一般来说，有效成本的存在是很有必要的，因为只有投入才能获得产出。如果盲目限制有效成本，那么就会对正常的生产、生活产生消极的影响。不过有效成本并非不能控制，在涉及一些边际成本增加而效益减少的项目时，往往需要进行成本核算与控制。

与有效成本相对应的是无效成本。所谓无效成本是指对于业务价值的增值和利润的获取没有任何帮助的成本投入。无效成本通常以隐性成本的方式存在，这就要求企业和个人在成本管理中要尽量避免无效的支出。以企业为例，想要减少无效成本，各部门之间就需要进行通力合作，提升合作的效率，与此同时，企业需要以业务需求为导向来规划成本的有效使用。

比如，某人准备自主创业，成立了一家公司，并且直接招聘了一些员工。公司成立之后，市场反响很不错，很快就实现了盈利，可是在年度总结的时候，他发现了很多问题，其中一项就是内部流程管理不到位，不同岗位的员工缺乏沟通与合作，经常出现不同岗位和部门的员工做同样一件事的情况，这样就导致工作出现一定程度的重复，从而产生了资源的浪费。不仅如此，由于公司缺乏明确的规划，很多运行方案的设计不够合理，导致经常出现方案执行到一半就不得不中断的问题，方案的重新设计又会产生新的成本。虽然公司一直在盈利，但是如果能够控制好这些失误，每年可以为公司节省几十万元。

在这个案例中，重复工作与方案的不合理设计，都会产生大量的无效成本，这些成本并没有带来任何效益，只会增加经济负担。在日常生活和工作中，无效成本包括产品的设计缺陷导致频繁返工、设计与验收标准不符合、合同条款前后不符导致费用增加、结算失误超付金额、监管不到位产生的损失等。无效成本往往和操作失误有关，对于想要致富的人而言，必须转变思维，在控制成本的时候，需要重点控制无效成本，更直接地说，尽可能减少工作中的失误。而想要减少失误，控制无效成本，就需要在事前、事中、事后进行有效的管理。

首先，做好事前规划。制订合理的计划，确保做事之前可以有一个完善的方案与明确的方向、目标。制订规划的时候需要想办法进行合理调研、评估，最好有一个战略性的目标，然后设定好工作的具体步骤，明确工作的标准。一般来说，规划越合理，方向和目标越明确，那么错误就越可控，毕竟一旦方向出现了错误，规划不够严谨，那么无效成本就会不断增加。

其次，做好事中管控。简单来说就是对整个追求目标的过程进行合理管控，制订更加科学合理的流程管理体系，确保每一个环节、每一个步骤都是可控的，都可以保持更高效的运作。如果说事前规划是为了保证不出现方向性错误，那么流程控制则侧重于对执行过程的控制，确保具体的执行方案和执行方法不会出现太多错误，流程管理往往更加注重执行的环节和细节，需要人们保持更加专注的状态，并严格按照事前规划与实际情况进行操作，保证操作的标准化和高效性。一般来说，人们需要制订一个标准化的流程，明确各个参与者的责任和义务，控制好责任成本。为了保证流程的合理性，可以设立一个专家委员会进行审核，拟定成本策划书，明确合理的操作方案以及工序，了解各项支出，对流程中的相关参与者进行监督和管控，强化操作现场的管理。

最后，强化事后管理。当流程结束之后，需要对整个过程和结果进行评估，可以对比数据库中的数据，看看自己在哪些地方做得不好，之后需要完善数据库和案例库，并针对性地做好员工的培训工作。在事后管理的时候，个人可以针对各种失误和不合理的地方进行核算，找出可能产生的无效成本，最好能够建立无效成本的账本。

需要注意的是，无效成本在很多时候难以完全避免，比如人们在决策的时候可能会做出误判，或者在摸索的过程中产生一些错误，这个时候就会产生无效成本。这类无效成本往往是人们追求财富过程中不可避免的，因为人们往往需要经历一个不断成长、不断完善的过程，而在不断成长、完善的过程中，免不了试错，免不了出现各种问题。

注意减少试错成本

从现实的角度来看，财富的积累往往不是一蹴而就的，需要人们不断摸索和研究，找到最适合自己的方向；需要人们进行不同的尝试，找到最高效的方法。在致富的过程中，人们通常会给自己留出一些试错空间。在他们看来，试错是走向成功的必要过程，只有不断试错，人们才能够更加接近成功。给自己留下一些试错空间，往往是人们获得成功的一种正确思维，但在这个不断摸索、不断纠正、不断调整的过程中，人们往往容易忽略一个重要的问题，那就是试错不仅需要耗费大量的时间和精力，还会产生一些成本，试错的次数越多，付出的成本也就越大。

比如，很多人想要通过创业致富，但是创业之前需要做好自我定位，思考自己最适合做什么，具体应该怎么去做，但在现实生活中进行操作的时候，很多人会因为成本问题而放弃原先的计划。比较常见的就是大学生毕业以后找工作，有的大学生毕业后会直接选择工资高的企业面试，可是在公司里做了一段时间之后，发现这里的工作并不适合自己，工作太累，晋升无望，成长空间非常有限，根本无法满足自己的致富需求。之后他可能会选择跳槽，选择一家更具发展空间的公司。可是经过一段时间之后，他又觉得公司太过安逸，大家都缺乏斗志，从长远来看，并不利于个人的成长。这个时候，他的年纪也不小了，去公司面试已经不占任何优势，于是开始尝试一些创业项目，诸如开超市、办厂、开美食店、开奶茶店、开咖啡馆，可是由于浪费了大量的时间和精力，他已经没有太多试错的空间了，也没有足够多的试错成本，最终只能选择一个自己不擅长或者不喜欢的项目继续"错"下去。

> 王先生于2007年大学毕业后，听从同学的建议，直接前往一家私企上班，虽然薪水比一般的公司高，可是自从进入公司后，几乎每天都要加班，而且假期也被剥夺了，更重要的是，这家私企内部的晋升体系比较混乱，王先生在那里工作了十年，工作业绩始终位于部门前列，但并没有获得任何晋升的机会。这个时候，他决定离职。
>
> 离开公司之后，考虑到自己已经30多岁了，很多公司都不愿意聘用他，他选择跟朋友一起投资，可是由于对投资行业和项目不了解，短短几个月就亏损了几十万，王先生最终退出了项目。这个时候，一个同学邀请他一起投资民宿，虽然同学的方案非常不错，无论是选址，还是民宿的设计和营销，都堪称完美，但是此前的亏损已经让他失去了继续投资的信心和勇气，他再也没有更多的资本和时间试错了。

许多人之所以在一个自己不喜欢的岗位上工作，就是因为试错成本太大了，他们并没有太多的勇气去做调整。对于绝大多数的人来说，本身并没有太多试错的机会，因为普通人的时间、精力和资金是有限的，他们的试错机会可能只有一两次，一旦工作选择或者创业选择面临失败，就没有太多机会重新做出选择，再次进行试错。即便能够筹集更多的资金，也很有可能因为缺乏足够的信心和勇气而放弃，同时也会为此承受巨大的压力。

在现实生活中，普通人的试错空间是很有限的，他们常常会面对时间、精力、资金和精神上的压力，因此从一开始就要想办法减少试错成本，确保试错成本不会影响自己的致富计划。

一般来说，如果奋斗目标不明确，或者追求财富时定位不清晰，那么在具体执行和实施计划的时候，就要保持谨慎，最好先不要投入太多的资源，通过一些试探性的尝试来确定自己是否适合做这件事，了解自身存在的优势和劣势，然后针对潜在的收益和风险做一个大致的评估。只有拥有更大的把握，才可以采取进一步的行动，输出更多的资源。整个行动需要保持循序渐进，不要一开始就给自己设定很高的目标，尽可能给自己留下更大的操作空间。

此外，一个人如果想降低试错成本，那么在第一次失败之后，一定要及时总结经验，尽自己最大的努力进行复盘，对流程中的每一个环节、每一个细节进行回顾和分析，弄清楚自己在哪个环节上出现了错误，在哪些方面做得不够好。科学合理地复盘可以让人们更快、更清晰地了解自己，找到最适合自己的致富方法，完善自己的致富理念，确保自己可以更高效地获取财富。

需要注意的是，减少试错成本并不意味着不能试错，只不过每个人都要依据自己的实际情况进行评估。如果自己有足够的能力去承受多次试错，那么就可以放心大胆地尝试；如果自己的时间、精力和资金不足，试错成本很容易超出预算，那么从一开始就要进行合理的规划和控制，争取将资金消耗控制在合理的范围内，争取每一笔开支都可以得到有效控制。

改变消极心理，打破环境的束缚

1967 年，美国心理学家塞利格曼做了一项实验，他将两只狗分别关进笼子，然后打开蜂音器的同时用电棒电击小狗，结果第一只小狗很快逃出笼子，而第二只小狗因为被绑在笼子上，无法及时逃脱。通过几天的刺激，两只小狗对于蜂鸣器和电击产生了截然不同的反应，只要打开蜂鸣器或者进行电击，第一只小狗就会本能地逃跑，而第二只小狗即便被人解开了束缚，也不懂得逃跑，而是在地上表现出难受的样子。

这个实验验证了条件反射的理论，表明动物长期待在某个环境中，会对环境的刺激产生一种固定的反应。当一个人长期处在某种刺激环境中时，就会对这种刺激产生条件反射，并逐步适应环境的刺激。比如，人在贫穷的时候，往往会想办法赚钱来摆脱困境，可是当人们发现无论自己怎样努力也无法改变现实，无法让自己变得更加富有时，就会对自己的所有努力产生怀疑，从而以更加顺从的姿态来迎合现实，这个时候，他们会放弃努力，变得更加消极。那些长期处于贫困中的人，也想通过努力改变现实，可是每一次尝试都会受到现实的打击，这种打击会慢慢消磨人们的信心和勇气，使他们最终安于现状，并且拒绝做出任何努力，甚至可能会产生一种破罐子破摔的心理。

在深圳有一批非常独特的年轻人，他们被称为"三和大神"。这些人基本上都不会进入工厂上班，而是倾向于成为工资日结的散工。他们更喜欢干一天活结一次账，当他们干完一天的活后，就会休息两三天，然后将所有的工资快速花掉，包括在网吧里打游戏，或者和朋友一起吃几顿大餐。在他们的思维中，根本就不存在存钱的说法，每天赚多少花多少才是生活的真谛。

其实，"三和大神"大都是外地人，他们来到深圳务工，并且也渴望像其他成功者一样有朝一日可以积累亿万身家，成为深圳的有钱人。他们也曾努力过、奋斗过，也曾想过存钱，并想办法改变自己的命运，可是在一次次的努力之后，最终又回到原点。最后，他们开始自暴自弃，放弃对生活的努力，甘心被环境影响和支配。

现实生活中存在很多类似的情况，当人们想要努力改变生活而不可得的时候，常常会表现出消极妥协的心理。他们认为自己缺乏致富的实力，也缺乏致富的运气，因此放弃继续努力。当人们长期受困于环境的束缚而缺乏奋斗的动力时，即便环境得到了改善，即便出现了很好的致富机会，他们也不会采取任何行动。他们在面对生活的时候，可能会选择躺平，选择享乐主义和消费主义，认为自己既然无法改变命运，那也就没有必要继续存钱了。

最常见的就是那些单身青年。他们对于自己的未来并没有抱很高的期待，也并不认为自己有能力改变现状，成为一个有钱人。更多的时候，他们会保持一种小资的生活模式，将自己赚到的钱花在享受生活上。他们没有储蓄的概念，没有创业的想法，没有想过换一种方式生活。对他们来说，钱只是一种享受生活的工具。这个时候就出现了一种很奇特的现象：年轻人的收入明明不高，但是消费层次并不低，他们会将钱花在各项消费当中，甚至习惯性借钱消费。而造成这种现象的一个重要原因就是人们对于未来生活的迷茫和失望。当他们意识到自己无法通过努力来改变现状时，就很容易产生"与其那么辛苦存钱，还不如开开心心享受"的想法。

当人们产生类似的想法时，就会陷入"赚钱—消费—赚钱—消费"的循环当中，永远也没有办法改变自己的处境，甚至还会因为各种借贷而陷入困境。想要打破这样的循环，要先改变自己消极的生活态度。无论生活怎样都要保留信心，都要对生活和工作充满希望，要努力做出改变，而不是通过挥霍的方式来表达自己的无奈。

一个有意思的现象是，很多亿万富豪都是在50岁以后才实现财富的快速积累。之所以会出现这种情况有很多原因，个人的成长（能力增加和经验增长）是一个重要原因，但财富的积累肯定也是其中一个因素。那些善于做好资产管理，注重资本积累的人，往往不会胡乱花钱，一些富豪甚至过着普通人的生活。正是因为如此，当绝佳的机会出现时，他们可以有足够的资金投入，从而快速增加个人的财富。

比如股神巴菲特在21岁的时候，通过辛苦的工作，好不容易积累了2万美元的身家。当时很多人都劝他买车买房好好消费一番。但巴菲特坚持把钱存着，并认为自己可以用这笔钱进行投资，成为亿万富翁，大家都觉得他在痴人说梦。到30岁的时候，巴菲特顺利积累了340万美元，37岁时，他的个人财产首次突破了1000万美元，而那些嘲笑他的人仍旧只有几万美元的财产。即便如此，他仍旧不觉得自己是一个富翁，因此继续存钱和投资。

到了60岁以后，巴菲特等来了更好的投资机会，开始迅速积累财富。这个时候，很多同一时期的投资者因为过度消耗，基本上退出了投资行业，而一同长大的老朋友仍旧在为生计奔波。在66岁的时候，巴菲特成了身家178亿美元的超级富翁，之后其个人财富不断增加，到 89 岁时，巴菲特的身家达到了 800 亿美元，真正从一个小人物成长为名扬世界的超级富翁。

做人要保持正确的财富观和积极乐观的心态，要对财富积累有着清晰的认识。首先，要相信钱是一点点积累起来的，如果连小钱也不愿意积累，那么就别说能够赚到大钱了。钱可以生钱。当一个人手中掌握的资本越多时，就越容易借助这些资本创造更大的财富。如果人们不注重积累，那么也就失去了财富增值的能力，想要改变自己的经济条件就会变得更加困难。其次，要对自己的赚钱能力保持信心，无论出现什么情况，都不能自暴自弃，破坏自己财富积累的计划。人们想要摆脱环境的束缚，就必须以更加积极的心态面对生活，用心经营自己的人生。

总的来说，人们需要转变自己的思维，培养更加积极乐观的心态，认真过好每一天，保持健康的、科学的资产配置方式，为自己的成长和发展奠定良好的基础。

 Chapter

做好自我定位，寻求更适合自己的项目

打造差异化竞争模式，不要和别人硬碰硬

了解中国汽车发展史的人都知道，在过去几十年的时间里，中国汽车制造商与西方汽车制造巨头之间的差距仍旧比较大，毕竟西方拥有数百年的汽车研发和制造历史，中国在燃油车领域想要追上西方仍旧还有一段很长的路要走。哪怕是 21 世纪的前 10 年，外国的汽车品牌依旧垄断着中国市场，但中国很快找到了破解这种局面的办法——并不是在传统赛道上和对手竞争，和对方比拼燃油车技术，而是选择以新能源为突破口，在新赛道上实现弯道超车。2023 年 8 月 8 日，我国海关总署公布了前 7 个月的汽车出口数据，我国出口汽车 277.8 万辆，成为世界上最大的汽车出口国。至此，中国成为世界最大的汽车生产国、消费国、出口国，而这在过去几十年的时间里根本不敢想象。相关资料显示，2000 年的时候，日本汽车出口量为 472 万辆，而中国为 1.7 万辆，即便在 2010 年，日本汽车出口量达到了 483 万辆，中国也不过出口了 54 万辆，而在 2023 年，形势完全逆转，在这种大逆转中，新能源汽车功不可没。与日本、德国这种传统汽车强国相比，中国已经在新能源汽车领域实现了超车，这也成了一个经典的商业案例。

从商业角度来说，想要做到差异化，很重要的一项就是构建新需求、新优势。无论是国家、企业，还是个人，在面对竞争时，都会通过这样的

思维来构建新的优势。2000年，韩国经济学家金伟灿等在《蓝海战略》一书中提到了"蓝海战略"的概念，结果很快就引爆了整个经济学界。什么是蓝海战略呢？蓝海战略主要是指企业、商家或者个人积极开拓新市场，直接将原有的竞争需求（卖方需求）转化为买方需求，挖掘和创造市场需求成为发展的重要目标。也就是说，想要实现蓝海战略，就要主动创造新市场和新需求。

比如，很多人做生意的时候喜欢跟风，认为"既然大家都在做，那么为什么我不可以去做呢"。在这种糟糕想法的驱使下，人们通常很难在市场上获得成长，因为这一类跟风者往往不具备太多的优势，迟早会被市场淘汰。而有的人会产生这样的想法："这个产品在市场上有很多人做，我要争取比其他人做得更好。"这也是一种普遍思维，但是即便真的做得更好，也不一定就具有明显的竞争优势，因为技术代差往往可以补回来。最高级的思维应该是这样的："市场上有什么是不存在的，有什么新的需求没有被发掘出来，我需要针对这些需求做点什么，或者创造一点什么。"

字节跳动的创始人张一鸣在创办公司的时候，曾经对国内与国际互联网市场进行调研，发现传统的互联网赛道基本上已经被各大巨头瓜分了，国内有阿里巴巴、腾讯、百度、360、京东、拼多多等，国际上则有亚马逊、苹果、谷歌、Facebook、Twitter、Instagram等巨头，这些企业几乎垄断了互联网各个方面，字节跳动想要从中获得生存和发展的空间非常困难。因此，张一鸣从一开始就制订了新的发展策略，那就是找到新的发展方向。既然在传统赛道上难以获得优势，不如开辟一个新的赛道，拓展新的市场需求。比如，互联网巨头一般都注重社交和电商，在这两个领域其他竞争者很难获得太多的生存空间，因此，张一鸣从一开始就将自己的发展定位在这两个方向之外，而内容至上成为他的终极选择，后来的头条和抖音都是追求内容的全新产品。

当然，仅仅依靠内容还是不够的。随着短视频的发展，很多互联网巨头也开始涉足这一领域，然而张一鸣的撒手锏在于研发了强大的推荐引擎，可以自动提取用户感兴趣的内容，这样就增加了对用户的吸引力。很多竞争对手也会推出短视频功能，但是相比于对手单纯强调的内容输出和人们的自我展示，抖音与TikTok完全是一种全新的模式。它们不仅仅是强调自我展示，更多是在强调创造新故事、新流行、新观点、新理念等，它们更加倾向于娱乐性，用户可以制造各种爆款视频，可以说有效结合了视频化媒体和娱乐化的生活方式。

张一鸣提倡的这些做法是互联网领域此前从来没有过的，因此很快就积累了大量的用户和流量，无论在国内市场还是国际市场，都展示出了强大而持久的爆发力，很多传统的互联网巨头都感受到了巨大的压力。

差异化竞争是一种非常实用的方式，对于那些身处弱势地位或者优势不明显的人来说，想要获得竞争的优势，赢得更多的利益，就可以通过差异化竞争模式来达到自己的目的。通过差异化竞争，人们可以在新的领域确定自己的优势地位，然后借助自己的优势打击别人的劣势，获得更大的发展空间。

那么人们应该如何通过差异化竞争来积累财富呢？

——选择对手盲点

简单来说，就是选择对手没有关注或者没有发现的内容、方法、模式，在对手无法涉及的领域和方向上努力，寻求自己的利益点。

——把握客人痛点

很多人在做生意时，只从自己的需求出发，他们往往不能吸引更多的客户。那些可以真正从客户痛点出发的人，则可以更好地赢得客户的信任。

——突出自己的优点

差异化竞争的本质就是用自己的优势去打击对方的弱势，想要让差异化的效果更好，就需要想办法突出自己独特的优势，让自己在竞争中始终保持优势。

——品类细分

一般来说，品类细分之后，容易出现新的技术、新的产品、新的需求、新的市场，对于多数人来说，也等于新的收益。品类分得越细，差异化也会越明显。

需要注意的是，错位竞争是一种非常实用的差异化竞争模式，人们需要想办法寻找自己的优点和对方的缺点，然后制造错位竞争的机会，扩大双方之间的差距，从而为自己的发展获取更大的利益。

拒绝盲从，摆脱大众化思维

硅谷著名的风险投资家彼得·蒂尔曾经谈到自己的聘用标准，他明确表示自己在面试应聘者时，很少会关注个人简历上的描述，包括个人能力、学历、简历的整体设计，这些他基本上都不会看，他更加看重的是每个人的立场和想法，所以他经常会询问应聘者这样一个问题："在什么重要问题上你与其他人有不同看法？"

彼得·蒂尔认为想要回答这个问题很难，想要找出自己与他人之间有什么不同的看法，其实并不容易。他曾经过数年的调查，发现学校里存在的一个基本教育问题——教育同质化。对于标准知识和标准答案的追求，导致学生不得不被灌输一些被普遍认可的知识和观念，相似的学习体系和思维模式直接导致大批学生变成思维模式、能力水平都相近的人。他们在看待某一个问题的时候往往会表现出较为明显的趋同性。以至于在 100 个人当中只要知道其中一个人有什么想法，那么大致就可以猜出其余 99 个人的想法。

彼得·蒂尔希望自己聘用的员工有主见、有创新意识，能够提出各种不同的想法和方法，能够做到与众不同。多年来，他在聘用人才和选拔人才方面，始终坚持要求员工必须懂得摆脱大众化思维，找到新的突破点，因为只有保持与众不同，才有可能找到差异化竞争的钥匙，打开财富的大门。

在很多人的思维模式中，只要自己的想法随大流，符合大多数人的意愿，那么自己就一定可以获得成功。在他们看来，既然多数人都这么想，那么就一定不会出错，而且一定是最安全的。正因为拥有这样的心理，很多人在做决策时，喜欢盲从他人的选择，他们会观察周围的人是如何做决策的，看看他们会制订什么样的规划，侧重于在什么方面进行考量。这个时候，他们基本上不愿意按照自己的实际情况进行分析，也不愿意相信自己的判断。

拥有大众化思维的人往往喜欢跟风，他们对于局势的判断完全取决于其他人的行动，这种盲从和跟风与以下几种情况有关。

第一种是潮流趋势。当市场上出现某种潮流或者行业风口出现的时候，会有大量的人涌入相关的产业，这个时候就容易导致产业过剩。无论是房地产、电子商务、在线教育、短视频，还是直播带货，都曾引发过创业潮，但是对于多数人而言，他们缺乏对行业的了解，只是单纯地跟风投资，很容易在严重的内卷中被淘汰出局。

第二种是区域市场内出现的短期繁荣。这种短期繁荣引发供不应求，大量投资者会在此时进入市场，希望可以把握住商机。可正是因为大量投资者的进入，导致市场很快趋于饱和，甚至产生过剩。这个时候，投资者就可能会面临严重的亏损。

第三种属于模范效应。简单来说，当某个人或者某个企业获得成功后，周边的人会盲目效仿，从事同样的行业和工作，但他们并没有认真调查市场，也没有认真思考过自己是否适合做这一行，这一行是否存在什么风险。由于没有认真做过分析，跟风者往往会在盲从中陷入困境。

第四种常见的跟风和生活环境有关。一般来说，这种人没有什么致富的头脑和规划，对市场也缺乏足够的了解，他们更多的是跟随身边的亲戚、朋友、同事，观察他们在做什么，观察他们看好什么项目，然后跟着做一些投资，跟进一个自己也不了解的项目。这种人往往没有什么事业规划，他们的思维和视野非常狭隘，基本上停留在自己的小圈子里，因此常常会受到周边人的影响，做出一些错误的决策。

大众化思维表面上看起来在追求稳定，但在现实生活中，它一直都是阻碍财富增值的一个重要因素。从财富的获取和分配来看，人们的思维方式越是趋同于大众思维，所获得的收入也越趋向于大众，而那些能够保持与众不同的人，往往有更大的机会获得超出常人的财富。以炒股为例，许多人喜欢跟随大流，当大多数人都在跟进某只股票，或者都在试图抛售某只股票的时候，他们就会毫不犹豫地采取同样的策略，这个时候，他们往往会错失赚钱的良机。在股市中，那些摆脱大众化思维的人可以更好地把握机会，他们会"在别人恐惧的时候保持贪婪，在别人贪婪时保持恐惧"，因此，他们往往在别人疯狂买进的时候，提前出售股票，并在股票位于低谷时买进，从而成功赚取差价。

世界知名价值投资者霍华德·马克斯就是这样的人，他曾经出版过一本书:《投资最重要的事》。在这本书中，他谈到了投资的思维。在他看来，投资者具有两层思维，其中大多数人位于第一层思维，也就是所谓的大众化思维模式。这一层思维的人缺乏独立自主的分析能力和规划能力，凡事都遵循他人的意见和建议。他们试图模仿别人的行动，往往会采用相同的思维模式进行思考，使用相同的方式做事，做事情基本上也会得出相同或者相似的结果。只有少数成功者拥有第二层思维。这类人拥有非常成熟且独立的思维机制。他们看待问题的方式与其他人截然不同，甚至会采用逆向思维来分析和解决问题，正因为如此，他们往往可以在大家意想不到的情况下获得巨大的成功。

霍华德·马克斯认为，一个人如果想要获得成功，想要积累亿万身家，那么首先要做的就是跳出第一层思维，努力进入第二层思维，让自己成为一个与众不同的人。一般来说，人们需要摆脱大众化思维的影响，保持独立的思考，凡事都要寻找新的角度和立场进行思考，有必要的话可以进行逆向思考。

只有选择从不同的角度进行分析，考虑别人没有考虑到的东西，才能够找到更加高效的致富方法。

不要看什么最赚钱，而要看什么最适合自己

如果说最近几年什么产业最火爆，那么直播一定榜上有名。相关机构曾做过专门的统计：2020 年，中国在线直播用户规模达到了 5.24 亿人。著名的艾媒咨询做过统计：2022 年，中国直播人数或许达到 6.6 亿人，也就是说差不多一半的中国人都在涉足直播。而这么多人都在做同样一件事，目的肯定并不都是为了娱乐，可以说很大一批人选择直播就是为了赚钱，在他们看来，直播很赚钱，而且很容易赚大钱。

从行业中的一些头部主播来看，他们的收益的确非常惊人，很多人一年的收益甚至要远远超过一家大公司的盈利。而这种疯狂的收入机制刺激了更多的人加入进来，他们会产生一种想法："既然别人可以做到，那么我也可以做到。"可是如果对各大直播平台进行分析，就会发现绝大多数直播者并没有赚到钱，有很多进入直播行业的人，花费了大量的时间和精力，甚至投入了很多资金，但是根本无法吸引什么流量，而且还因为过分沉迷于直播而影响了正常的生活和工作。他们在进入行业之后发现，所谓的引流和赚钱并不容易，自己根本就不适合做这个。

之所以会出现如此明显的两极分化现象，就是因为直播本身是一个门槛很低的行业，参与直播的人可以是博士，可以是工程师，可以是院士，也可以是一个普通的工人、一个农民，或者一个毫无学历的人。很多人本身是不具备什么突出的才能的，他们对于直播的理解也比较肤浅，根本不适合干直播，但是在巨大的物质利益诱惑下，他们可能会表现得很盲目，而没有思考过自己的匹配问题。

有人曾经询问投资大师查理·芒格成功投资的重要秘诀是什么，芒格非常严肃地告诉对方："要清楚自己的天资才智在哪里。如果你去玩一个别人有天赋而你没有的游戏，那你就会被打败。要找到你能胜出的领域，然后在你自己的能力范围内奋斗。"在现实生活中，很多人并不清楚自己的天资才智究竟体现在什么地方，也不清楚自己是否有足够的天赋去做好一件事，更多时候，他们只是凭借感觉，凭借一股冲劲，却忽略了个人的能力、性格、资源是否与之匹配。

匹配度是人们选择工作的一个重要指标，它直接决定了人们是否有能力来完成它，是否能够将其做到最佳。想要弄清楚一件事情是否真的适合自己，可以借助 SWOT 分析模型做出更为合理的判断。SWOT 分析模型分为优势（Strengths）、劣势（Weaknesses）、机会（Opportunities）、威胁（Threats）四个方面。

优势主要强调个人最擅长做什么。与别人相比，个人最突出的特点是什么，核心竞争力体现在什么方面。或者可以看一看，自己最近三个月或者半年获得过哪方面的成功，在自己的生活圈子里获得了什么样的地位，以及依靠什么能力来赢得大家的认同。

劣势则强调自己的缺点和不足。看看自己不擅长什么，列出自己所缺乏的技术和技能，看看其中的哪些部分需要立即解决。注意观察周边的人，观察他们比自己强在哪儿，弄清楚自己最近一段时间是否因为某些因素而遭遇重大失败。

机会通常是指个人职业生涯的发展机会。人们需要弄清楚自己面临什么样的行业机会，环境变化带来了什么机会，自己能够从中掌握什么技能，可以获得什么样的好处。对于机会的分析往往需要弄清楚自己在未来1至3年内有什么发展规划，且发展规划是否合理。

威胁则是指个人在所处行业中所面临的压力和困境。弄清楚自己的竞争对手正在做的事情，这些事情是否会对自己的发展产生重大的阻碍；弄清楚客户有什么具体的需求，这些需求是否无法在自己这里得到满足；行业变化和环境变化是否威胁到了自己的发展。

通过SWOT分析模型，人们可以更好地了解自己当前所做之事是否适合自己。比如，自己是否有能力控制好局势，是否可以保证事情的发展朝自己预期的方向发展，自己的能力是否可以成为一种竞争优势，发展的机会究竟如何，自己是否存在严重的不足，是否无法适应潜在的各种威胁等。

一般来说，人们在自己擅长和了解的专业领域内做事，做自己最擅长的工作，就可以最大化地发挥出自己的能力优势和经验优势，从而保证自己对相关工作的掌控。那些成功的创业者往往会选择自己最擅长的领域，而不是自己最喜欢或者最期待的领域。优秀的投资者也会在自己理解和擅长的领域内进行投资，他们绝对不会轻易冒险进入自己不擅长的行业，哪怕这个行业的利润非常高。

不仅如此，人们在选择做什么的时候，需要确保自己所做之事符合个人的经济条件，如果个人经济条件不允许，那么就没有必要冒险。需要确保自己有足够的时间和精力去做这些工作，如果时间和精力完全不够的话，不如提前放弃。此外，最好还要确保这件事是自己感兴趣的，毕竟做自己感兴趣的工作往往更能够保持热情。

不要轻信专家的建议

在日常生活和工作中，许多人喜欢倾听专家的建议和意见，在他们看来，专家是行业中的精英，是专业人才，对于行业发展的趋势、相关项目的发展的评估和预测往往更加合理，不妨多听听他们的看法，或许可以从中获得不错的建议。正因为如此，在很多时候，人们会放弃独立思考、独立分析、独立判断，直接付费让专家指导自己的行动。

可是，对于那些顶级的投资者和商人来说，保持投资和经商的独立性是原则性问题。在他们看来，相信并乐于聆听"投资助理"和"专家"的建议，很容易让自己出现严重的亏损。原因很简单，那些专家提供的建议往往并不合理，试想一下，大家都听从专家的建议，都能赚到钱，这显然不符合市场规律。尽管专家试图鼓励客户去追求高于市场平均值的收益，但他们的目的是自己赚钱，如果真的有机会通过某个项目或者某项投资赚到更多的钱，他们为什么不自己去投资，还要分享给更多的竞争者呢？这显然是一个悖论。

在一个相互竞争的市场环境中，听从专家建议的人往往会成为被收割的对象，他们虽然有可能获得平均收益，但是交易费用和咨询费用往往超过了预期的收益。对于专家来说，他们的目的是赚取高额的咨询管理费。如果注意观察，就会发现生活中存在很多所谓的"专家"和"专业助理"，这些人往往在各种媒体、互联网平台上开通个人的讲座，他们会向听众输出自己的"宝贵意见"，并以此来获取高额的咨询费用。比如很多炒股专家经常向股民推销各种股票，分析各种股票的走势，试图引导股民的投资。

有人曾做过相关的调研，发现 1997 年至 2006 年这段时间内，华尔街那些所谓的专家所收取的咨询费和手续费就达到了千亿美元的级别，但多数人并没有在这些"建议"中获得预期的收益。即便如此，很多人仍旧愿意相信专家的话，在他们看来，高额的咨询费很有必要，咨询费越高，也就表明建议的价值越大。这样的心理很容易被专家利用，并让自己成为专家收割的对象。只有那些拒绝受到专家诱惑的人，才有机会依靠自己的判断赚钱。

投资大师吉姆·罗杰斯在小时候就喜欢尝试一些新事物，而他无论做什么事情都坚持独立思考，在投资方面更是如此。他始终认为投资家最重要的素质就是独立思考。正因为如此，他博览群书，涉猎广泛，花费大量时间来积累知识，而不是盲目听信专家的建议，他年轻的时候特别排斥华尔街的证券分析家。朋友们会习惯性地收听证券分析师的电视节目，或者在报纸上看看分析师说了些什么。罗杰斯对此嗤之以鼻。在他看来，这些人只会随大流，只会听从专家的胡说八道，从来没有人因此而发财。

1984 年，奥地利股市突然暴跌，而此前几乎很少有人关注和了解奥地利股市。为了弄清楚暴跌的原因，罗杰斯亲自前往奥地利进行实地考察。结果，他发现奥地利的经济明明在稳步上升，可是股市持续下跌，欧洲的金融家和投资者也不关注奥地利股市。罗杰斯跑到奥地利最大银行的纽约分理处询问，结果对方直接回答："我们没有股票市场。"即便是奥地利最大的银行，竟然也没有人知道他们国家存在一个股票市场，简直不可思议。

当时无论是华尔街还是欧洲的股市分析师都在唱衰奥地利，这也使得投资者根本不关心奥地利的股市。这个时候，罗杰斯果断出手，购买了大量奥地利企业的股票、债券，结果一年之后，奥地利股市的指数直接暴涨了145%，因此罗杰斯大赚了一笔。

从某种意义上来说，由于每个人所面临的情况不同，所掌控的资源也不同，因此每个人的致富方式都是不同的。这种不同往往也就决定了所谓的专家并不能提供一种致富的万能公式，更别说很多专家本身就打着专业能力和内部消息的旗号行骗。对任何人来说，想要实现致富，就不能轻信专家的建议。

首先，无论自己做什么，拥有什么样的致富计划，都要保持思考的独立性和分析的自主性，要坚信具体问题具体分析。即便别人有什么好的经验和方法，也不能直接拿来使用，而应该保持独立的思维，坚决依靠自己的能力进行分析，依靠自己所掌握的知识、经验及信息做出最基本的判断。在做事的时候，可以参考别人的意见和建议，但是不要盲目相信。相比于专家说了什么，人们更应该相信自己的经验、逻辑和能力。从个人成长的角度来说，人们需要依靠自己的能力和经验获得发展，即便一开始会出现各种误判，但是随着能力的提升和经验的积累，人们就可以在不断的尝试和历练中形成自己独特的风格，打造属于自己的体系和方法。

其次，无论遇到什么情况，都要和那些专家、投资助理保持一定的距离，更不要轻易加入所谓的"专家群"，也不要进入那些全是陌生人的付费交流群。通常情况下，那些所谓的专家群中往往存在各种各样的"托"，他们会相互配合演戏，给出的内部消息和一些高价值信息往往也是假的，以此误导那些新加入的人，骗取新人的信任，并引导新人支付高额的服务费和咨询费。一般情况下，人们可以听一听专家的想法，但是不要盲目相信，而是针对自己的特殊情况进行分析，听听专家的话中有哪些是合理的，有哪些是不合理的，最好能够结合自己的实际情况进行分析。

  总的来说，人们想要保持思维的独立性，想要改变"以专家建议为主"的投资模式，就一定要积极拓展自己的信息渠道，一定要想办法提升自己的专业技能。只有更多地接触相关的行业，更加深入地了解相关的项目，更充分地积累经验，才能更好地把握住致富的机会。

整合自己现有的资源，强化自己的竞争优势

众所周知，人们想要获得发展，想要打造更强大的竞争优势，往往会将注意力集中在自己最擅长的项目上，或者说会依据单一的优点来提升自己的优势。比如，某人最擅长的是营销，那么这个时候他所有的注意力都会放在营销技能的提升上；假设某人技术出众，那么他会将全部精力放在研发工作上，这就是典型的单一化的竞争优势，简单来说就是什么地方强就重点做什么。这种竞争思维和心理往往难以适应现代社会的竞争环境，因为对于任何人来说，竞争并不是单项的优势比拼，更多的时候需要依赖更多的资源来强化自己的优势，同时需要通过资源整合来弥补自己的劣势。

以企业发展为例，一家企业想要获得生存和发展，那么最好就是掌握自己的核心竞争力，诸如技术优势、营销渠道优势、资源丰富的优势。这些优势能够保证企业在行业中保持一定的优势，但并不能保证企业一定就可以长久保持优势，也无法保证企业就一定可以在竞争中获得更大的盈利。真正优秀的企业在发展最大优势的同时，往往还会想办法整合内部、外部的资源，确保自己的核心竞争力发挥最大的效用和价值。对个人而言也是如此，在追求财富的道路上，人们需要想办法整合现有的资源，强化自己

的竞争优势。

比如许多人技术出众，擅长研发，技术研发虽然可以成为一种优势，但想要让这种优势成为一种赚钱的工具并不容易。许多技术实力出众的人，却不一定能将技术转化为最终的财富。原因很简单，这些技术可能缺乏营销市场。简单来说，他们可以研发出技术水平很高的产品，但是这些技术并不被市场接受，相关的产品无法赢得消费者和客户的青睐，这个时候技术优势也就无法转化为收益，而且还会成为阻碍个人成长和发展的因素。想要破解这个难题，人们就需要积极做好市场调研，更多地向市场部的同行了解情况，向自己的客户咨询相关的市场信息，通过各种渠道了解市场的真实需求，然后依据市场需求进行研发，推出真正能被市场关注的产品，这样才有机会实现技术的价值转换。如果缺乏对市场资源的整合，那么技术研发就会陷入"以技术为导向"的困局中，相关的技术也就无法转化为经济效益。

同样的，一个技术出众的人，如果不擅长营销，那么所谓的技术实力就无法赢得更多人的关注，这个时候，技术优势也就无法发挥出来，更无法创造价值。良好的营销能力往往可以更好地呈现个人的能力和价值，它就像一个放大器，可以更好地展示和输出自己的竞争优势。因此，在强化个人技术的同时，还要整合自己的营销资源，确保自己可以通过更好的渠道和更好的营销方法，进一步彰显自己的技术实力。

相比于单一的优势呈现，人们需要利用好其他方面的资源和优势，将有效的资源整合起来，从而强化自己最大的优点，提升自己的竞争优势，这也是自我定位时需要重点强调的一种生存方式。简单来说，人们依靠自己最大的优势来定位自己的角色，但往往忽略了自己在其他资源上的优势和亮点，也许这些资源并没有那么出彩，并不像最大优势那么突出，但只要综合起来合理利用，就可以强化自己的最大优势，甚至形成属于自己的核心竞争优势。

比如，苹果公司创始人乔布斯最大的优势在于他对于创新理念的执着，他的创新意识近乎癫狂，但他并不是一个只知道一味搞研发的"疯子"，因为他明白仅仅依靠创新意识是无法让苹果真正走向巅峰的，所以他利用自己强大的人脉资源和出色的表达能力，将库克、斯科特·福斯特尔（负责 iOS 系统的设计）、乔纳森·艾维（产品首席设计师）、荣·约翰逊（苹果公司零售模式奠基人）、皮特·奥本海默（负责管理公司的财务系统，是苹果公司内部的财务管家）、菲尔·席勒（负责苹果公司的产品推广、营销和广告）等人整合成一个强大的管理团队。正是因为这些人的存在，让苹果公司的创新转化成最终的收益，也让乔布斯的创新理念、创新文化为更多人所知。此外，乔布斯还是一位现场营销大师，他在新产品发布会上的表现足以让苹果公司被世人关注，也足以让他成为创新文化的代名词。从某种意义上来说，乔布斯的成功在于他出色的整合能力，在于他调动所有的资源为创新文化服务，而这才是乔布斯被称为伟大企业家的重要原因。

从个人的发展角度来说，每个人都拥有各种不同的资源，而人们要做的就是在打造一种核心竞争力的同时，调动其他的资源为强化竞争力而服务。在整个过程中，人们需要更全面地看待自己，将自己的资源挖掘出来，同时进行有效的整合，从而强化自己的竞争优势。

一般来说，人们需要明白自己要做什么，明确自己的目标；除了了解自己的最大优势之外，还要找出自己在各个方面的价值（任何事物、任何人都是有价值的，重要的是找到合理安放它们的地方），然后确保所有的其他价值都在为自己最擅长的事情服务；弄清楚自己最缺乏什么，这些缺乏的东西会对个人的发展产生什么负面影响，然后想办法从各项资源中获得补充。只有保持更广的视野，充分了解、挖掘、利用自己，才能真正做到资源的合理整合。

运用黄金圈法则来定位自己

英国作家西蒙·斯涅克在分析有关人生和发展的话题时，发现了一个很奇特的现象——大多数人在思考问题、采取行动，以及与他人进行交流的时候，都会习惯性地问自己应该先做什么，然后具体应该怎样去做，最后再分析自己为什么要这样做。基本的流程就是先描述现象，然后说出自己应该采取的措施，最后阐述最终的执行结果。这样的流程和路径看起来非常合理，但往往存在一个致命的问题：低效。西蒙·斯涅克为此写了一本书《从"为什么"开始》，并且在书中提出了黄金圈法则的概念。所谓黄金圈法则，简单来说，就是先明确自己为什么要做这件事（Why，为什么），这是最核心的法则；然后告诉他人自己做事的方法和策略（How，怎么做），这是第二层法则；最后才是具体的内容和成果（What，是什么），这是第三层法则。

比如，许多人在销售自家的产品时，会习惯性地进行自我定位："我是一位新能源产品的研发工程师，我最近正在研发一款新能源产品，该产品高效节能，功能强大。我打算运用一些创新技术和简化模式来推动技术研发，希望这款产品可以成为市场上的一款爆品，带动相关产业的发展。"在这里，表述者的格局被限制在"做什么"这件事上了，而很多时候，市场并不关心"你是做什么的"，他们更加看重价值，因此先阐述"为什么"变得至关重要。

人们可以这样描述对自己的定位："作为一个新能源产品的研发工程师，我一直致力于推动行业变革和发展，给人们带来极致的体验，正因为如此，我一直采用更具创新意识的设计理念，通过化繁为简的方式，打造一款高效节能、功能强大的产品。现在我已经完善了相关的技术，相信它在不久之后会成为一款爆品。"

通过对比就可以明显发现，运用黄金圈法则之后，这个人的定位变得更加清晰，人生的层次和格局明显提升了一个档次，商业格局也瞬间扩大了。为什么会这样呢？原因就在于黄金圈法则强调了人们的自我了解、自我呈现及价值展示。他们能够通过"为什么"来思考自己的行为动机，定位自己的角色。

比如许多人在工作时缺乏明确的自我定位，别人说什么就做什么，却从不思考自己为什么要做，别人为什么非要让自己去做。由于缺乏深入的思考，人们常常会陷入被动执行的状态中，他们只会按部就班地执行，按照他人的指示去逐步完成任务，根本无法按照自己的独立思考来制订更合理的执行策略。在这个时候，他们就有可能会做错，或者无法发挥出自己真正的价值。

在这些人的思维中有一个固定的流程：老板说了"要做什么"，老板说了"必须先做什么，后做什么，必须按照什么方法去做"，最终的结果可能就是"按照老板的要求顺利完成任务"。而运用黄金圈法则的人会这样设计自己的工作流程："为什么老板要做这件事，为什么老板会要求我做这件事"，老板既然这样要求，那么"按照我的能力，我应该怎样去做这件事，如何找到更好的方法"，具体的内容和最终的结果是"老板让我完成100万元的月销售额，但是我每个月都能完成至少130万元的销售额"。从个人发展和财富积累的角度来看，善用黄金圈法则的人无疑更容易获得晋升，也更有机会实现自己的价值。

先弄清楚自己为什么要做，然后强调做事的方法和策略，最后明确做事的结果，这种模式可以确保自己的所有行动都是构建在自己的价值观基础上的，可以确保自己始终坚持正确的方向，坚守明确的目标。反过来说，如果没有明确个人的动机和价值观，那么个人的行动就会显得仓促、盲目，很有可能做一些违背个人原则的事情，这个时候，个人的行动就难以取得预期的目标。

正因为如此，人们在寻求致富的道路上，在给自己的职业发展进行合理定位时才需要按照黄金圈法则来要求自己。

Why：人们应该重点思考驱动自己工作的力量是什么，是金钱、职位、荣誉感、团队氛围、成长空间，或者是挑战？人们需要在自我定位时弄清楚这一点。

How：为了实现自己的目标，满足自己的发展欲望，人们必须弄清楚自己必须具备哪些关键能力，需要为此做出哪些努力，需要采用什么高效的方法，需要在什么方面提升自己，具体的成长计划应该怎样制订。

What：人们最后需要弄清楚自己职业的具体内容，了解自己正在做什么样的工作，了解自己在工作中的状态和界限，明确自己需要展示的成果，以及得到的反馈。

如果人们可以认真思考这三个问题，弄清楚自己想要成为什么样的人，明确自己的奋斗目标和奋斗方法，就可以让自己的职业规划更加合理，个人也可以更快地完成自己的财富积累。

1903年，亨利·福特创办了福特汽车公司。和那些盲目进军汽车制造业的企业家不同，亨利·福特一直都认为汽车价格太高，普通人根本消费不起，因此他致力于研发和生产普通人也买得起的汽车。那么如何才能生产出价格低廉的汽车呢？要知道当时的汽车工业完全是手工作坊型的，想要装配一辆汽车，往往需要

728 个小时，大量的人力和财力投入只能换来很低的年产量，因此汽车的价格非常高，只有顶级权贵才能买得起。

这个时候，亨利·福特开始进行改革，并创新性地推出了流水线生产的模式。简单来说，就是汽车底盘在传送带上以一定速度从一端向另一端前行的过程中，逐步装上发动机、操控系统、车厢、方向盘、仪表、车灯、车窗玻璃、车轮等配件，这样一来，就可以快速完成汽车的组装，组装效率提升成百上千倍。

亨利·福特的创业过程基本符合黄金圈法则——先明确为什么要制造廉价汽车，然后明确制造廉价汽车的方法，之后强调具体的内容和成果。正是按照这样的法则，他顺利将福特汽车推向了世界最大汽车制造商的宝座，他个人也因此成为世界巨富。对于多数人来说，都可以按照黄金圈法则来定位自己，明确自己的奋斗方向和方法。

Chapter

做 好 自 我 管 理 ， 才 能 把 事 情 做 到 极 致

强化时间管理，提升时间利用的价值

　　许多人在谈到个人发展和致富模式时，往往会忽略时间的作用，在他们的思维中，时间是一种可有可无的资源，在自我管理的时候，通常也会忽视时间这个因素。但是在个人的成功中，除了能力以外，时间也是一个非常重要的要素，善于利用时间的人往往可以在单位时间内做更多的事情，也可以把事情做得更好。如果对那些成功获取大量财富的人进行分析，就会发现大部分成功致富的人都善于规划时间，能够有效管理好自己的时间。从某种意义上来说，加强时间管理是富人的一种思维模式。

　　时间管理是指人们通过事先规划，借助一定的技巧、方法与工具，灵活有效地运用时间，从而实现个人或组织的既定目标。时间管理一般是强调时间使用的效率和效能，即单位时间内能做多少事，以及单位时间内能创造多大的价值。

　　效率问题和个人的能力、态度有关。能力差的人，做事情的速度会相对慢一些；态度不好的人，做事情也会拖延。在时间管理当中，存在一个非常重要的概念：时间颗粒度。它是人们管理时间的一种度量单位，时间的颗粒度代表人们花多大的时间刻度去做计划。单位时间越短，做事的计划越详细，目标越容易实现。比如有的人在做事或者制订做事的计划时，选择以周为单位，有的人则以天为单位，那些更注重时间利用效率的人，往往会把计划分得更细一些，他们通常会以小时、分钟为基本单位。也就是说，时间颗粒度越小，时间划分也就越细，越能体现出一个人职业化的程度。

    微软公司的创始人比尔·盖茨曾经连续十几年居于世界首富的位置，而他的成功不仅仅在于卓越的天赋，还在于强大的执行力和出色的时间观念。当人们在决定一件事是否值得去做时，可能需要花费半天时间，甚至一两天的时间，而多数情况下，盖茨会控制在5分钟以内，也就是说，他的时间颗粒度一般就是5分钟左右。在他的生活和工作体系中，很多事情必须在5分钟内做出决定，他不会允许它们拖延太久。

    更加夸张的是，在一些不为人关注的细节上，他也会认真计算好时间，绝对不会轻易浪费时间。诸如一些非常短的会议，与客户之间的会面和交流，熟人之间握手，或者与其他人进行拍照，他往往会按照秒来计算时间。据盖茨的秘书和朋友所说，盖茨在参加活动时，不喜欢浪费太多的时间，以至于他会让人精确计算好会议室大门到电梯的距离，然后计算这段距离需要走几步，需要花费多少时间，一旦遇到有人希望合影，那在有限的时间内应该安排几个合影者为宜等。正是因为在时间管理上达到"斤斤计较"的地步，盖茨才能够保持高效的工作状态。

    一般来说，时间管理的理论分为四个发展阶段。第一代时间管理理论强调备忘录，即列出自己要做的事情，加班加点也要完成。第二代理论强调计划，制订具体的时间表，即什么时候要做什么事。第三代理论开始强调做事的主次顺序，引导人们先做什么，后做什么，什么应该做，什么没有必要做。第四代时间管理理论则主张对个人进行管理，速度和效率不再是唯一要求，更为看重目标和方向的明确性，人们对于时间管理的要求变成了必须按照正确的方向采取行动，并且不能偏离目标。

如果说第一代和第二代理论更加偏重效率，那么第三代和第四代理论已经偏重效能了，效能问题虽然也和能力有关，但还关乎做事的方法和策略。比如在时间管理的众多方法和工具中，就包括时间管理四象限法。时间管理四象限法将人们要做的事情分成重要且紧急的事、重要不紧急的事、紧急不重要的事、既不紧急也不重要的事，而人们需要重点把握重要且紧急的事情。此外还有六点优先工作法。六点优先工作法要求人们将一天中最重要的六件事先找出来，然后列好顺序逐步完成。这两种方法都是侧重做事的主次顺序，这样就可以确保自己获得最大的价值，或者说可以先完成那些最能增加财富的工作，确保自身利益的最大化。

很多成功的企业家和商人非常重视这些方法。对他们而言，他们不可能去做所有的事情，也没有足够多的时间和精力去完成所有的工作，因此会尽量选择先完成那些最重要、最有价值、最能创造收益的工作。比如，当他们遇到几个好的项目时，肯定会先重点投资回报率最高且最稳定的项目，或者说投资对自己发展影响最大的项目。

除了主次顺序之外，也有一些时间管理方法看重做事的方法和策略，比如统筹法会依据不同工作的难易程度、时间消耗情况、重要程度进行统筹安排，确保最终的安排更为合理、更为高效，在规定时间内更合理地安排工作，从而确保所有工作有条不紊地进行，同时保证生活和工作的和谐、平衡。很多善于统筹的人，他们的工作往往更加顺利，对于财富的掌控能力更强，而不善于统筹的人，很容易被各种各样的事情打乱自己的生活计划和工作计划，导致自己陷入混乱无序的状态，影响自己积累财富的进度。

总的来说，时间管理是人们能否做好工作，能否通过工作保证价值最大化和利益最大化的重要方法。善于管理自己生活时间和工作时间的人，往往具备更强的使命感，拥有更好的工作态度，也拥有更加出色的生活掌控能力。这也是他们能够积累更多财富的关键。

加强情绪管理，不要被事情牵着走

在谈到自身管理对财富的影响时，人们常常会谈到几个要点：资源管理（资金、人才等要素的管理、调整）、能力方面的管理（培训和学习）、目标管理（目标的定位和实施过程控制），这些管理要点大都和财富的增长有着直接的关联性，而情绪很容易被忽视。人们通常不会认为情绪管理是自我财富管理的一部分，但情绪管理的背后，更多的是心理学在生活和工作中的渗透。

从心理学的角度来看，情绪对个人的行为往往会产生很大的影响，也会对个人财富的获取产生影响，好的情绪往往连接着比较高的个人能量，而这些能量一旦实现了指数级的裂变，就会带来巨大的财富，反过来说，坏的情绪往往会降低个人的能量，一旦能量跟不上，那么个人就无法在生活和工作中追求自己想要的东西。美国著名心理学博士大卫·霍金斯就谈到了情绪和能量等级之间的关系。他认为一个人的能量和自身的情绪成正比。正因为如此，人们需要加强对自身情绪的管理，确保坏情绪不会影响自己的能力发挥。

比如，当遭遇困境和压力时，许多人往往难以保持冷静，很容易因为情绪而做出错误的决策。只有那些优秀的情绪管理者才能够理性地分析问题，想办法制订有效的解决方案，从而获取成功。从某种意义上来说，情绪管理能力是衡量个人财商的一个要素。在现实生活中，那些真正可以赚到钱，可以积累大量财富的人，往往具有很强的情绪管理能力。他们可以有效地控制自己的情绪，并且在关键决策时保持冷静和理性。

像乔布斯、马斯克、贝佐斯都以坏脾气著称，经常对办事不力的员工发脾气，但这并不意味着他们缺乏情绪管理能力。在一些关键事项上，他们绝对不会被坏情绪绑架，不会因为情绪不佳而做出错误的决定。在一些重要的决策上，他们会保持理性，保持清醒的头脑，这也是他们总能有效把握住巨大商机的原因。

亚马孙公司的创始人贝佐斯在推广亚马孙的互联网网络服务业务时曾面临巨大的压力，当时几乎所有的高层都反对他这么做，他自己也时常陷入情绪波动之中。可无论面临怎样的危机，无论遭受多大的非议，贝佐斯始终坚信自己的决定，并没有因为自身的情绪波动而受到影响。他在内部会议上多次强调："这些决策必须经过深思熟虑和协商，有条不紊地、谨慎地、缓慢地做出。如果你走过去，不喜欢你在另一边看到的东西，你不能回到你以前的地方。"结果正如贝佐斯所猜想的那样，亚马孙依赖网络服务业务快速发展起来，公司的市值不断上升，贝佐斯也如愿成为世界上最有钱的企业家之一。

从某种意义上来说，强大的判断力和决策力是个人获取财富的重要保障，但是想要获得财富，不仅要有出色的感知能力、判断能力和决策能力，还要做好自身的情绪管理工作。成功人士的情绪不会轻易受到外界环境的影响，从而打乱原有的计划，甚至做出错误的判断和决策。即便产生了什么负面情绪，他们也可以及时进行有效的控制，避免被负面情绪所困扰。

情绪管理并不是简单地保持冷静，而需要进行系统化的管理。一般来说，人们可以采用认知行为疗法来调整个人情绪，做好情绪管理。20 世纪 70 年代，以贝克为代表的美国心理学家创立了认知行为治疗的学科，他们改变了过去心理学对心理单一方面进行研究的方式。在他们看来，每一个人的内心就像一个超级宇宙，里面包含了各种丰富的声音，而且每一种声音都对应一种思维方式，任何一种思维方式都决定着个人对生活、对世界、对自我的感受。认知行为疗法的核心在于帮助内心压抑、情绪失控的人改变原有的不合理的认知，进行个人认知模式的重建，建立一套全新的思维模式、价值体系、自我评价体系。

一般来说，使用认知行为疗法时，可以进行多角度思考，其中，运用优势视角来思考就是一个重要的方法。比如在过去的心理辅导和心理纠错模式中，整个工作流程为"发现问题—诊断确定问题—找寻原因—做出解释或分析—提出改进建议"。这个流程属于典型的通过问题视角来解决相应问题的模式。优势视角更加注重个体与社会的交互作用，内在心理与外在环境的有机整合成为一个治疗的趋势，确保人们可以在一个立体、动态、建构的环境中调整心理及情绪。

冥想也是认知行为疗法的一种重要方式。在冥想的时候，人们可以选择一个安静的场所，花几分钟时间让自己放松下来，接着坐下打坐，缓缓闭上眼睛，用心感知自己的呼吸。等到个人呼吸变得平和，身体变得更加放松时，杂念和负面情绪就会慢慢消除。这个时候，人们已经进入状态，并将自己的意念集中在某个身体部位上，用心感受这个身体部位对外界的感知和反应，包括对温度和振动的感知。人们一开始可以尝试感知肌肤与衣服的摩擦，然后感知肌肤与空气的接触，推动自己冥想。

一般来说，当一个部位感知 1 至 2 分钟后，可以转移到另外一个部位上坚持 1 至 2 分钟，在整个冥想的过程中，人们没有必要去对抗情绪，而是对相关事情保持好奇心，将这件事本身当成一种生活体验来看待，从而尽快消除一些不良的感受。当人们的情绪开始失控时，可以通过保持内在的好奇心来感受不被情绪捆绑的快感，然后想方设法重复这个冥想过程。通过冥想，人们还可以将负面情绪和负面行为忘却，从而让自己回归到最原始、最自然、最宁静的状态，更好地释放精神压力。

除此之外，还可以采用积极情绪管理法来管理自己的情绪。当面临压力或者深处困境时，不要沉迷在负面情绪和消极情绪中，应该尝试着给自己一些积极的鼓励，转向积极的思维，将负面心理转化为正向心理。比如，告诫自己"这不过是一次历练，以后我会变得越来越强"，或者提醒自己"应该懂得感恩，毕竟生活没有完全摧毁我"，又或者激励自己"下一次一定可以做得更好"。一些积极的心理暗示，可以让人们更好地应对压力。

养成良好的生活习惯，保持自律

许多人会认为，财富的获得和积累是个人能力决定的，只要一个人的能力足够优秀，那么就可以通过能力来创造巨大的财富。这个世界从不缺乏有能力的人，并不是所有能力出色的人都可以获得成功，单纯的能力优势并不能决定个人的成功。一个有能力的人想要积累财富，往往还需要满足其他的条件，其中一个就是自律。只有那些自律的人，那些在日常生活和工作中严格约束自己的人，才有机会合理运用自己的才能，才可以确保自己的能力得到最大限度的发挥。对于那些想要致富的人而言，要先转变思维，与其不断向外寻求更多的发展机会，不如积极向内寻求自身的改变和完善，而做到自律就是第一步。

比如，很多大企业家和成功的商人都有一个特质，那就是每天都坚持长时间地工作。他们在工作中能够数十年如一日地保持旺盛的斗志，每天都将大部分时间花费在工作上。他们会严格规范自己的行为，确保自己的工作状态不会受到影响。

海尔集团创始人张瑞敏就是一个非常自律的人。为了提升自己的工作效率，他养成了良好的工作习惯。张瑞敏是一个工作狂，坚持每天工作十二个小时以上，无论天气怎样，无论身体状况如何，他都不会轻易改变。工作那么多年，他从没有给自己放过一天假。对他而言，工作就是最重要的事，自己不能为了偷懒而轻易请假。

娃哈哈创始人宗庆后同样严格遵守生活作息表。他曾经这样描绘自己的工作："我现在还是早上起来到公司食堂吃早饭，大概七点不到就在公司里了，晚上十一点半以后回家，有时候太晚了就不回家，睡在办公室里，另外中午要睡一个小时。"宗庆后每天早起晚睡，坚持工作十多个小时，连节假日也不例外。事实上，宗庆后从来不会度假，也没有所谓的周末，一连坚持了几十年时间。

苹果公司现任 CEO 库克是一个工作狂，每天早上四点半准时起床，然后几乎每天都是最后一个离开公司。这样的状态他保持了几十年。

自律是成功者的重要特质。人们在积累财富的过程中，需要长时间保持良好的工作状态，保持出色的能力、强大的自信心，需要一直处在正确的方向和轨道上，如果人们无法做到始终如一，无法在正确的行为规范中坚持下去，那么就可能导致失败。比如很多创业者一开始可以保持勤奋的工作态度和忘我的工作精神，可以坚持以工作为先，可是随着企业规模的扩大，随着企业营收的提升，他们可能会越来越膨胀，开始耽于享乐，工作不再像以前那么积极，生活作风开始腐化，逐步沾染一些不良习气。这些最终会摧毁他们的事业，阻碍他们获取更多的财富。

正因为如此，人们需要在日常生活和工作中保持一种良性的态势，约束自己的行为，确保自己可以在追求财富的道路上保持稳定性。如何才能做到自律？如何才能确保自己保持良好的行为习惯呢？可以从自律的五个要素进行分析。

首先是"认同事实"。简单来说，了解客观现实的情况，了解自己所处的环境、自身的定位，以及个人的行为习惯。认同事实主要是为了了解自己，找出并努力改变自身存在的一些不合理行为习惯。

其次是"意志力"。这里强调的意志力主要是指个人执行计划的能力，一般来说，人们在制订计划后，应当依靠强大的意志力来督促自己严格按照计划执行任务，绝对不能拖延。人们想要培养强大的自律能力，就要想办法强化和提升自己的意志力。只有意志力强大的人才会严格按照计划执行任务。

再次是"面对困难"。人们在日常生活和工作中会遇到各种各样的困难，很多人内心不够强大，缺乏面对困难的勇气，遇事很容易产生畏难情绪而选择放弃。这个时候，即便他们拥有强大的个人能力，也会因为信心不足，内心怯懦而畏首畏尾。想要让自己变得更加自律，就需要主动迎接挑战和困难，努力让自己的内心变得更加强大。

接下来就是"勤奋"。作为一个工作者，应该始终保持勤奋的工作状态，在工作中保持很高的专注度和投入度，因为只有真正勤奋的人才愿意付出更大的精力做事，做自己认为应该去做的事情，并且会想办法克服各种困难。无论如何，勤奋是致富的一个重要因素，勤奋的人不一定会赚到钱，但是不够勤奋的人基本上很难积累财富。

最后一点是"坚持不懈"。一个人有能力，也有奋斗的欲望，但是想要获得成功，想要积累更多的财富，往往需要在长时间内保持良好的工作状态，因为财富的积累本身就需要一个较长的过程。只有在自己奋斗的道路上坚持不懈，坚守自己的目标、方法和原则，才有更大的机会获得成功。

对于人们来说，需要重点把握这五个方面的内容，这样才能提升自己的自律意识，构建一个更加合理、健康、高效的生活系统，为个人的财富积累奠定良好的基础。

定期复盘，完善自己的致富方法

2020 年 4 月 24 日，格力公司董事长董明珠在网络上开启了第一次直播带货，结果由于表现不佳，只有 22.53 万元的营业额。对于一家大公司的董事长来说，这样的业绩可以说是惨不忍睹，甚至没有格力公司一家门店的营业额高，因此董明珠成了群嘲的对象。很多人都认为格力公司的线下营销越来越糟，董明珠根本无力改变这种趋势，董明珠与格力一样走上了没落的道路。

面对公司所处的困境，面对自己首秀的失败，董明珠没有气馁，也没有任何抱怨，而是认真地对自己第一次直播带货进行复盘，结果找出不少问题，其中最突出的问题包括以下几个方面：1. 优惠不大，难以吸引流量；2. 网络比较卡，沟通不流畅；3. 机位太少，无法满足直播需求；4. 场地布置太乱，让人觉得有些仓促，不够正式。

对于长期坚持线下销售的格力公司来说，他们对直播本没有任何经验，一切必须从头开始摸索。而经过这一次的复盘，董明珠和直播团队有了一些心得，于是开始积极整改和完善。到了第二次直播时，董明珠在三个小时的时间内直接创下了 3.1 亿元的销售额，完全打消了人们的质疑。这一次直播，她准备得非常充分，首先是增加了优惠力度，还精选了一大堆电商爆款作为直播品类，吸引了大批网友进入直播间。其次，直播团队设置了足够多的机位，场地也经过精心设计，其中的角色代入更是让观众产生了良好的体验。最后，直播间的网络非常稳定，整个直播过程非常流畅，可以说这一次直播非常成功。也许很多人觉得这不过是运气，但董明珠带领团队在五天之后进行了第三次直播，最终创下了 7.03 亿元的销售额，再一次惊呆众人。

复盘是很多优秀人士的行为习惯，他们之所以能够从普通变得优秀，从优秀走向卓越，依靠的一个方法就是复盘。他们依靠复盘来实现自我完善和自我提升。对他们而言，复盘是一种有效的成长机制，可以通过纠错的方式帮助自己获取更多的成长机会。

心理学导师卡耐基在《人性的弱点》中记录了一位华尔街银行总裁的辉煌。这位银行总裁在谈到自己的成功时说了这样一个秘方："多年来，我习惯把每天的日程记录下来。家人会把周六晚上的时间留给我独处，他们知道那是我固定用于自省和自我批评的时间。晚饭后，我打开日记簿，回想这一周的会谈、讨论和会议。我会问自己：'上次我犯了什么错？''我的哪些做法是正确的？怎样能表现得更好？''从这次经历中我能学到什么？'"

日本著名企业家稻盛和夫每天早上起来都会对着盥洗室的镜子进行自我反省。他先花费一段时间回顾过去一天发生的事情，回顾自己昨天是否说了什么不恰当的话，是否存在什么不合理的行为，是否在情绪上有失控的表现。如果真的发现自己存在什么过错，他就会虔诚地在镜子面前认错："老天，对不起！""很抱歉，我为我的错误和行为道歉。"这样的复盘模式他坚持了整整几十年，家人也知道他每天早上都会进行这种独特的仪式，因此每个成员都会在这段时间内远离盥洗室。

在寻求财富的道路上，在摸索财富的积累方法时不可能是一帆风顺的，人们总会遇到各种各样的问题，而想要发现并解决这些问题，就需要借助复盘这个工具。所谓复盘，是指人们在完成某项工作或者经历某件事之后，对自己的执行流程和相关行为进行回顾、梳理，看看自己的决策及制订决策的方法是什么，做事的策略及支撑这些策略的思维模式是什么，促使自己行为发生的条件是什么，然后弄清楚自己的思维模式和行为条件是否合理，审核自己的判断是否合理。

通常情况下，复盘的时候可以直接选择正向操作及逆向操作。正向操作就是对自己的流程从头到尾进行回顾，从最开始的环节和步骤进行分析，回顾流程中的每一个环节是否存在紧密的联系，是否存在明显的漏洞和错误。重头开始回顾的方式存在一个很大的优点，那就是可以在原有流程的基础上按照自己的思路重新设计，找出两个流程的不同之处，看看哪些地方值得改进和完善。

逆向操作就是从结果出发，进行逆向分析，一点点往前回顾，进行合理推导，看看哪些环节不合理，存在较大的漏洞。这种逆向回顾的方式有一个很大的优点，那就是人们可以逆向推导，依据结果来推导支撑这一结果的条件是否合理。正向流程是先从 A 开始，由 A 到 B，然后到达 C 和 D 的地步，最后得出结果 E。在逆向复盘时，则选择从结果 E 往前推导，弄清楚 D 这个前提条件是否能够发展过渡到 E 这个目标，然后接着看 C 所具备的条件是否可以实现结果 D。以此类推，人们就可以从 C 往前推导，看看 B 这个步骤是否合理，又从 B 推导和验证步骤 A 的合理性。逆向复盘强调从结果出发，不断往前推导，整个过程采取验证法，不断寻求支撑结果的条件，从而有效帮助人们找到那些影响正常流程的因素。

无论是正向复盘还是逆向复盘，都可以有效提升个人的执行力，完善自己的方法和策略，修正自己前进的路线，确保自己越来越接近财富。

不要把赚钱当成人生第一要务

众所周知，想要做成一件事，往往需要保持热情和专注，要有做这件事的意愿。赚钱往往也需要保持更多的热情，但这并不意味着赚钱就是人生中最重要的事情，并不意味着人们就要将全部注意力放在赚钱上。在生活中，常常会发现这样的情况：一个人越是想着赚钱，越是把赚钱当成生活第一要务，赚钱反而变得越难，尤其想赚大钱，更是难上加难。

之所以会这样，主要有以下几个原因：

第一，越是想赚钱，或者说赚钱愿望越强烈，反而越难以赚大钱。因为越是想着赚钱的人，越容易盯着眼前的利益不放，很容易忽略长远的回报。对于金钱的渴望会诱导他们做出一些只顾眼前而不顾长远利益的事情，结果常常捡了芝麻丢了西瓜。这样的人可能会赚到小钱，但往往很难赚到大钱。

第二，越是想着赚钱的人，越容易产生冒险心理。他们可能会将注意力放在自己能赚多少钱上，渴望一夜暴富，而忽略了赚这些钱可能要付出的代价是什么，承担的风险是什么。在很多时候，他们会显得冲动，盲目追求那些高收益的项目，而缺乏自知之明，也缺乏风险管控的意识。

第三，越是想着赚大钱的人，越容易停留在各种计划和设想之中，他们可能会不断提出各种所谓的赚钱的点子，设计出各种赚钱的方法和渠道，但正是因为想法太多、方法太多，使得他们总是在各种想法之间徘徊不定，犹豫不决，最终难以将计划落到实处。即便落实，也会出现三天打鱼两天晒网的情况。想得多而做得少，往往是这一类人身上典型的特征。

从某种意义上来说，金钱只是生活的一部分，但绝对不是全部，赚钱也不应该成为人生最重要的事。人生还有很多更有意义的事情要做，而财富的积累应该是个人在实现某个人生重要目标的过程中附带产生的结果。

桥水基金创始人瑞·达利欧就在《原则》一书中告诫那些寻求财富的人："人们需要反省自己的行为：将赚钱作为个人的人生最重要的目标并没有太大的意义，从本质上来说，金钱并没有固有的价值，金钱有什么价值完全取决于它买了什么东西，而金钱并不是万能的，还有一些东西是金钱没有办法买到的。如果人们足够聪明的话，应该先问问自己究竟想要什么，真正的人生目标是什么，为了实现这个目标需要做些什么。金钱只是人们人生所需之一，但当人们拥有满足生活所需的金钱时，金钱似乎就不再是人们唯一需要的东西了，也不再是最重要的东西了。生活就是如此，当人们开始思考自己真正所需的东西时，一定要记得思考它们的相对价值，合理权衡。对我来说，我更加看重有意义的工作以及有意义的人际关系，它们对我而言非常重要，相比之下，金钱的重要性似乎更低一些——在我看来，钱只要能够满足生活所需就可以了。有意义的人际关系往往是无价的，人们花再多的钱也买不到比它更有价值的东西。显而易见的是，我更加看重有意义的工作和有意义的人际关系。无论是过去，还是现在，我的主要目标都是如此，我一生中所做的所有工作几乎都是为了实现这两个目标，至于赚钱，只是实现这两个目标时附带产生的结果。"

达利欧从一个穷小子，成长为掌管 15000 亿元巨额资产的投资界大拿，并不是因为他有多么痴迷赚钱，也并不是因为他一直都把赚钱当成人生最有意义的事情。他认为管理基金和投资只是工作的一部分，而工作本身就是为生活服务的，无论是为了提升生活质量，还是为了让人生更加充实。达利欧更多的时候只是借助工作来呈现自己的价值，让人生变得更有意义，而不仅仅是通过赚了多少钱来展示自己的成功。

关于赚钱，人们往往会有不同的理解。对于富人来说，也许赚钱只是一种生活方式，但是对于很多经济条件很差的人来说，想要生存就必须赚钱，对于穷人来说，金钱在生活中扮演着重要的角色，而正因为如此，许多人会将赚钱当成人生最重要的事情，认为人生来就应该想着赚钱。这样的致富心理往往很容易制造压力，同时影响人们对生活的理解、对个人发展的判断，从而导致人们很难赚到钱。

对于那些真正赚到钱且有格局的人来说，赚钱从来都是附带产生的东西，他们对于人生往往有着更高的追求。特斯拉创始人马斯克最热衷的是依靠技术改变人类的生活，甚至为人类未来的生存打好基础；微软创始人盖茨并不在乎自己是不是首富，他更希望将赚到的钱用于慈善；乔布斯每天只睡几个小时，他非常享受工作带来的乐趣。相比之下，那些每天想着如何积累财富，想着如何赚到每一笔钱的人，反而受到金钱的束缚，个人思维和格局都受到很大限制，难以获得太快的成长。

正因为如此，人们需要积极转变赚钱思维，改变自己为了赚钱而赚钱的心理，要明白人生还有更重要、更有意义的事情。赚钱只是实现自我价值、证明自我价值的一种方式，想要真正积累财富，就要打开格局，明白金钱之于生活的意义，明白财富与人生意义之间的逻辑关系。

Chapter

7

构建更合理的逻辑思维， 把握商机

看重结果，更要看重财富积累的过程

在日常工作中，人们通常都存在这样的心理：只要我完成了这项工作，达到了预期的目标，那么我就是正确的、成功的，就证明了我的价值。这就导致人们会产生"唯结果论"的心理模式和思维模式，在个人成长过程中也会单纯地以做事的结果作为衡量自身价值的关键因素，这样的心理模式毫无疑问会产生一些悖论。

比如，某人去炒股，结果第一次就获得了不错的收益，那么这个时候他可能就笃定自己擅长炒股。可是在第二次、第三次炒股时，他遭遇了很大的亏损，此时，他又对自身的能力产生了质疑。又如，某人去创业，按照自己的方法打造了几个看起来不错的项目，最终也取得了成功，这个时候，他开始拓展自己的创业规模，全方位进行投资，可是按照原有的套路和方法拓展业务时，自己的几个项目接连遭遇困境，不得不宣告退出。这个时候，他又失去了继续创业和投资的信心。

之所以会出现这样的心理波动，很大一部分原因就在于人们总是错误地将结果等同于个人能力和个人价值。当自己获取财富的时候，这样的结果自然而然就成为衡量自己获取财富能力的有力证明，殊不知"唯结果论"存在很大的漏洞。很多时候，人们完成一份工作，实现一个目标，积累一笔财富，可不是靠运气。即使外在环境不错，人们很有可能会依靠好运实现财富积累，但人们无法一直靠运气获得财富。如果从更严谨的角度来说，那就是一件事情发生的必然性与偶然性，"唯结果论"可能会使人陷入对事物发生、发展偶然性的痴迷中。人们会误认为偶然发生的事件是必然的，只要收获不错的结果，就认为这是个人真实能力的体现，认为自己已经掌握了要领，下一次还会获得同样的成功。

对结果的过分痴迷，会让人们忽略对工作方法、工作经验、工作模式的总结。他们只关心这件事做好了没有，能不能收获一个好的结果，至于如何完成工作，如何达到目标，采用什么方法和策略，需要什么资源和工具，需要满足什么条件，他们并不在意。这就会导致他们的工作缺乏连贯性、统一性，也缺乏一个明确的体系。

通用电气公司历史上的 CEO 杰克·韦尔奇就是一个非常重视过程的人，无论做什么事情，他都特别重视对自己工作流程的分析，思考自己应该采用什么方法，应该使用什么策略，应该制订什么样的计划和流程，应该选择什么样的模式。他会不断尝试，不断改进，不断完善。很多时候，他并不急于得出一个令自己满意的结果，也从来不会因为自己做得不好而感到气馁。在他看来，结果应该是个人能力和方法的自然呈现，因此，个人应该专注于自我提升、自我成长，而不仅仅以绩效和结果来衡量自己的工作价值。

在管理员工的时候也是如此，虽然他强调绩效考核的重要性，但从不会片面地将某一次的绩效考核作为衡量员工能力的标准，不会认为某位员工一次绩效考核不过关就直接认定对方能力不行、工作不努力。相比之下，他更加看重员工的工作过程、工作态度。在招聘人才的时候，他不会因为对方出身名校就另眼相看，也不会因为对方出身良好就认为对方很有实力，他会重点观察对方的行为，了解他们的成长经历，了解他们的工作态度和方法。对他来说，员工是否具有成长空间，是否具有自我提升的愿景，远远要比他们是谁更加重要。

斯坦福大学行为心理学教授卡罗尔·德韦克多年来一直在研究思维模式。经过大量的研究和实验，她发现人们的思维模式基本上可以划分为两种，第一种是固定型思维模式，第二种是成长型思维模式。

什么是固定型思维模式？简单来说，就是人们在做事时，以一个最终的结果作为评判的标准。这类人认为人的智力是固定的、天生的，无法获得太多的成长，他们非常在意自己做某件事时的结果，以及这些结果所产生的影响。当他们完成一件事时，会将全部注意力放在对结果的验证上，他们会想方设法弄清楚自己的行为和工作是否带来了最正确的结果。考试的时候，他们只关心自己是否写出了正确答案，是否考到了 100 分，是否成为班级第一名，至于做题的技巧、答题的方法、应对考试的经验，他们并不在意。

拥有固定型思维模式的人也拥有很强烈的得失心，为了获得一个理想的结果，他们可能会采用一些不道德的手段来满足自己的私利，可能会因为害怕面对失败而产生依赖心理、拖延心理，甚至从一开始就背负沉重的心理负担，从而影响自己正常的发挥。

科学家做过一组有趣的实验，发现当人们在获悉公布的结果时，仪器可以监测到他们的脑电波非常兴奋，这就表明他们的注意力此时表现得最为集中，而当他们开始学习知识的时候，脑电波反而显得很平静。通过对比就可以发现，这一类人非常关注做事的结果，而不是做事的过程，他们对于个人能力的提升并没有特别的期待，也没有强烈的学习意愿。

而成长型思维模式则侧重于"成长"。人们在做事时，侧重于强调个人的成长性，以一个人是否得到成长作为评判的标准。拥有成长型思维的人始终相信个人的智力、能力虽然受到先天因素的影响，但完全可以通过后天的努力得到提升和强化，因此，他们非常喜欢学习新事物，喜欢接受各种挑战，主动拥抱外界的各种变化，喜欢通过经历的分析和经验的总结找到更好的成长方法。他们认为结果并没有想象中那么重要，也不会因为不好的结果而耿耿于怀。相比于结果如何，他们更加注重对整个奋斗过程、成长过程的体验，只要个人获得了成长，只要个人通过努力不断得到提升，那么好的结果就会到来。

卡罗尔·德韦克认为一个人如果想要变得更加优秀，想要变得更加成功和富有，就要跳出固定型思维模式，不能以暂时的绩效、结果来评估自己，不能将精力放在固定的结果上，而要坚持以成长型思维模式来规划自己的人生，注重个人的成长，注重成长的过程和体验。人们需要用成长的眼光来看待自己，把握成长过程中的每一个阶段，逐步积累经验，提升能力，完善自己的方法，改进自己的策略，完善自己做事的体系，从而有效提升自己把握财富的能力。

越是经济不景气的时候，机会越大

在积累财富的时候，许多人往往会选择经济景气的时候进行投资。比如一家企业或者一个项目处于良性发展的阶段，或者处于发展的上升期时，人们通常会觉得这个企业或者项目比较好，且上升的势头会一直延续下去，因此他们乐意此时进行投资。如果一家企业或者一个项目处于发展的下行阶段，股价不断下跌，收益不断减少，投资者往往就会保持谨慎，甚至果断选择撤资。企业发展势头不好的时候，投资者的信心肯定会受到影响。同样的，当经济发展不景气的时候，人们会看衰整个大环境，并且减少自己的投资和创业。

由于经济不景气，人们会习惯性地将资产价格大幅波动当成一种风险，这就决定了多数人都不敢冒险进行创业或者投资。波动是一种正常现象，是否具备风险是由资产的发展空间决定的，如果资产具有很大的增值空间，那么暂时的波动并不会影响最终的价值。相反的，如果资产的价值一直下降，而且未来的发展没有什么空间，那么相关资产的风险就比较大，这个时候才需要避免接触这种不良资产。

对于真正善于投资的人来说，想要获取更多的财富，就需要想办法把握经济不景气的时机，因为经济越是不景气，人们越是容易找到那些价格低廉的好的投资项目。

以企业为例，假设有人打算购买某企业的股票，那么当经济不景气、企业发展下行的时候，股价会下跌，外界对它的估值会下降，这就意味着投资者可以花费更少的成本购入更多的股票，也意味着股价上涨的空间更大。在经济不景气的时候，很多优秀企业本身也会遭遇股价下跌、价值下滑的困境，此时，外界对它的估值会影响投资者的判断，优秀的投资者就有更多的机会低价购入。

> 谷歌公司在成立之初并不被市场看好，由于整体的发展并不如人意，公司的股价不断下跌，在最糟糕的时候，谷歌公司的股价直接下跌超过50%，众多投资者都对谷歌失去了信心，选择提前撤资，以免手里的股票成为不良资产。可是对于不少优秀投资者来说，谷歌公司始终是一块香饽饽，他们认为谷歌的发展上限很高，只不过目前的发展还没有进入状态，一旦谷歌进入高速发展的状态，它的股价会一飞冲天，所以从一开始，他们就选择继续持有和购入谷歌公司的股票，并且越是谷歌发展不景气的时候，他们购入的股票越多。随着谷歌公司业务的好转，股价开始迅速上涨，这些坚持加大投资的投资者在短时间内就获得了几十倍、上百倍的收益。

在最近几十年的投资市场上，有很多经典的投资案例，那些成功的投资者之所以可以在短时间内获得巨大的收益，大都与金融危机、周期性经济低谷、企业发展陷入困境等因素息息相关。当一家优秀企业被外界看低的时候，它的价值也就有了更大的提升空间，而这就是投资者获利的关键。同样的，在经济不景气的时候，大家通常会习惯性地认为大多数项目都不适合投资、经营，认为大多数企业都陷入了困境，这个时候，即便出现了一些优秀的项目，也容易被市场忽视，从而影响它们的估值。

创业也是一样的，在经济不景气的时候，很多人的创业情绪并不高，大家都会因为持有悲观情绪而不敢轻易尝试各种创业项目，而这个时候，人们反而可以更好地把握创业机会，毕竟在选中相关的创业项目后，可能面临的竞争压力会小很多。而在经济一片大好、市场欣欣向荣的时候，市场竞争往往比较激烈，大量的创业者涌入同一个行业和项目，无疑会增加创业者成功的难度。

当经济不景气的时候，人们通常会受到环境的影响，产生消极心理，甚至对相关的项目产生恐惧心理。通常情况下，他们会选择保守的操作方式，尽可能远离那些看上去正处于下行状态的项目。问题在于人们通常将经济不景气的表象与企业发展、项目进展等联系起来，而这种联系很容易导致他们产生误判。

对于真正善于积累财富的人来说，他们往往懂得把握事物发展变化的规律（任何事物都会经历高低起伏的过程，波动性是事物发展的一个基本特征），选择在低谷的时候出手，从而确保利益的最大化。很多优秀的投资者和商人就善于利用这样的规律寻找致富的机会。在他们看来，市场出现波动是一个好的征兆，市场波动的幅度越大，就越容易出现一些超低价格的优质项目，而这个时候，他们就可以以超低的价格把握机会。

需要注意的是，在经济不景气的时候寻找机会，并不意味着要刻意寻找那些估值下跌的项目，或者无人过问的项目，而是要重点分析相关项目的基本面信息，弄清楚相关项目的操作空间和获利的空间有多大。只有那些具有巨大发展空间和盈利空间的项目才值得关注。还有一点应该尽量避免，那就是有些人在把握商机的时候，总是期待着可以抄底，在成本支出最少的时候入手。把握最低点非常困难，因为没有人可以准确预测什么时候出手成本最低。最合理的方式就是在预测未来的成长空间之后，选择一个大致的时机即可。

先赚小钱，再赚大钱

对于财富的积累，可能多数人都倾向于赚大钱发大财，多数人都有快速积累巨额财富的执念，他们也会千方百计寻求赚大钱的机会和渠道，正因为如此，他们往往选择冒险创业，投资高风险的项目，或者挑战自己没有尝试且做不到的事情，而最终很有可能以失败告终。

对于财富的渴望，对于赚快钱的渴望，是一种很普遍的财富观和致富心理，真正的问题在于没有多少人愿意慢慢赚钱，没有多少人愿意先积攒小钱，通过赚小钱逐步获取更多的资产。人们对于小钱的忽视往往会阻碍他们的财富增长速度，甚至可能会让他们彻底与富裕的生活绝缘。

想要赚大钱往往很困难，因为竞争更加激烈，风险也更大，对个人能力的要求很高，对环境和条件的要求也很高。对于普通人来说，想要在短时间内赚大钱，会面临巨大的压力和风险。相比之下，赚小钱就显得容易一些。只要人们端正态度，保持正确的心态，赚到小钱并不是什么难事，日常的一些创业项目和投资项目都可以帮助人们很快积累小笔资金。此外，想赚大钱就要先从小钱开始积累，因为财富的积累本身需要一个由慢到快、由少到多的过程。不注重小钱的积累，就盲目去赚所谓的大钱，往往只会将自己推入险境。

真正懂得赚钱的人往往能够把握赚钱的规律，能够脚踏实地积累财富。

义乌人赚的都是小钱，但是依靠微薄的利润支撑起了义乌庞大的产业。在义乌人看来，生意场上的事情，有时候看起来大却未必大，有时候看起来小而未必小。义乌人也喜欢赚大钱，但是他们赚大钱都是从赚小钱开始的。

20 世纪 80 年代开始，义乌就有很多货郎走街串巷售卖一些日常用品，利润通常都很微薄，基本上都是以角和分来计算的，但哪怕赚一厘钱，他们也觉得很满足。一直到现在，义乌人仍旧坚持薄利多销的原则，依靠一分一厘实现财富的积累。

楼仲平就是其中一个典型的例子。众所周知，一根吸管的价格和利润几乎可以忽略不计，通常情况下，没有人愿意做吸管生意，毕竟一根吸管仅有 0.0008 元的利润。也就是说，卖掉 1 万根吸管才赚 8 元，这样的利润让很多人摇头，多数人都不屑于靠吸管赚钱，因为这些小钱实在缺乏吸引力。

但楼仲平不愿意放弃，一开始就将生意定位在赚小钱上。他选择了大家都不待见的吸管生意，一点点将生意做大，最终做出了年产 1 万多吨、产值达 3 亿元的吸管生意，成功占据全球 1/4 的市场份额。正因为如此，他的公司也得以参与全球吸管产业几乎所有标准的起草和制订。

许多人都看不上一分一厘的收益，但对于义乌人来说，只有先赚到小钱，才能慢慢积累财富，作为第二次、第三次创业和投资的资本，为后续的发展奠定良好的基础，最终小钱变成大钱。同样的，义乌人始终明白一点：只有先学会赚小钱，才能摸索出更加完善的经商体系，掌握更多的技巧，提升自己的能力，逐步拓展渠道和规模，从而增加财富。

由此可见，真正的大钱往往都是从小钱开始积累的，如果没有赚小钱的魄力和想法，也就无法赚到大钱。而对于普通人来说，想要做到将赚小钱作为赚大钱的基础，必须做到以下几个方面。

首先，树立正确的金钱观和认知，培养"钱难赚"的认知，不要人云亦云，觉得赚钱很容易。只有摆正心态，才能够脚踏实地赚钱。不能好高骛远，追求一些不切合实际的目标，或者冒险去赚大钱。

其次，制订长远的规划，一步步追求自己的财富目标，而不是一开始就想着赚大钱。真正具有财商的人，绝对不会盲目给自己施加赚钱的压力，他们会先设定一些小目标，安心赚小钱，等到小目标实现之后，再追求更高的致富目标，等到根基越来越稳，才会想办法寻求更大的商机。

最后，结合个人的成长历程来赚钱。赚大钱并不是靠运气，而是需要个人的专业技能、工作经验、思维层次、情绪管理能力、人脉资源等都得到全方位的提升。只有个人获得足够的成长，才有机会掌控财富。而在这之前，人们需要从赚小钱开始，需要从简单的项目开始，慢慢积累经验，慢慢提升能力，拓展人脉资源。每赚一笔钱，个人都会获得能力和经验的提升，个人也对自己的能力有一个更深的了解。当赚小钱的次数多了，个人的成长积累也就逐步实现，这个时候，人们会慢慢相信自己有能力把事情做大。

总的来说，人们需要正视自己的成长规律，不要看不起小钱。越是看不起小钱，就越容易错过大钱。在追求财富的时候，人们需要端正态度，脚踏实地，一步一个脚印去赚钱，只有踏踏实实把握赚小钱的机会，才能积少成多，实现个人财富积累的质变。

学会赚富人的钱，而不是在普通人群体中内卷

从收入划分的层次来说，多数人都属于中低收入者，也就是说，多数人的经济条件都不算太好，其中普通人的比例更是不可忽视。这就导致一个问题：市场上的消费者其实大多数都属于普通人。也正因为如此，有的商家就会认为普通人既然是市场上的主力军，那么他们的钱一定更好赚一些，毕竟这是一个庞大的群体。但从现实情况来看，普通人的钱并不好赚，那些想着赚普通人的钱的人，往往会陷入内卷的状态。

为什么普通人的钱很难赚？

一方面，普通人的经济条件并不好，他们通常会控制自己的经济支出，无论购买什么都会认真评估，尝试着不断压低价格。对于想赚钱的人来说，他们的利润空间就会不断被压缩。另一方面，普通人的收入有时候不稳定，这就决定了他们在很多时候支出也不稳定，很容易因为经济问题而压缩自己的消费。在面对普通人消费群体时，多数人都很难建立稳定、高效的营收渠道，想要靠此积累财富比较困难。

一般来说，想做普通人的生意，那么低价是最重要的手段，如何打造价格优势就成了关键，但大多数做生意的人都能意识到这一点，因此在竞争过程中，商家们很容易在争取价格优势时发动价格战，直接导致产品的价格越来越低，相应的，商家所能获得的利润也越来越低。这就是为什么

越是低端的产品越容易陷入严重内卷的困境，因为这些低端产品本身就缺乏更高的价值，而且基本上面向中低收入人群，它们的利润只会不断被压缩，除了少数规模化经营的商家之外，普通商家很难从中获得什么利润。

　　假设商家 A 以 5 元的单价出售某产品，那么为了抢夺市场，商家 B 可能会打出 4.7 元的单价吸引顾客，而商家 C 看到降价带来的好处后，又义无反顾地给出了 4.5 元的单价。当商家 A 看到自家的顾客源源不断流失，为了确保生意继续做下去，自然会选择跟进，继续降价。而价格战最大的特点就是一经发动，就会进入一个不断降价的恶性循环中，大家为了抢生意，会不断降低价格，到最后，为了打压对手，有的商家甚至会降到 3 元的成本价以下。

　　很明显，当各商家不断降低价格后，原有的利润空间不断压缩，甚至出现亏损。这个时候，无论是谁，都无法在市场上获得盈利，整个生意也就越做越艰难。到最后，由于利润越来越少，甚至无利可图，整个行业会陷入困境。

相比之下，富人的经济更加宽裕，他们有足够多的金钱可以支配，在消费时往往更加坚决，也更舍得花钱。重要的是，他们往往建立了较为稳定的消费习惯，商家并不需要担心他们突然不消费，或者降低消费档次。此外，富人的消费欲望更容易被调动起来，商家更容易制订一些合理的营销策略来刺激消费，提升利润空间。

　　以卖苹果为例，当市场上的苹果过于饱和时，商家通常会选择降价，因为降价可以让更多经济条件不好的人产生购买需求，但商家接二连三地降价很容易摧毁自己的利润空间。这个时候，一些商家可以反其道而行，将自家苹果的价格标得更高一些，这样做的目的就是为了让消费者产生怀疑：这些苹果是不是更好的品种？这样的策略对于普通人通常没有太大的意义，因为他们本身追求低价产品，更高端的苹果并不在他们的消费清单里，因此商家的涨价行为只会让普通消费者远离。可是对于经济条件更好的人来说，情况可能就完全不同了，他们愿意尝试购买一些更贵的苹果尝一尝。事实上，相比于产品的使用价值，他们更加看重产品的价值，而这些价值很多时候就是品牌带来的。

简单来说，面对富人消费群体，商家可以想办法提升产品的附加值，运用品牌价值来获得更高的盈利，而在普通消费群体中，如何满足消费者追求低价的心理才是创造营收的关键。正因为如此，人们需要想办法将目光锁定在富人身上，想办法将富人群体锁定为潜在的消费群体。

不过，富人对于消费的要求往往很高，无论是产品的质量、品牌、服务，还是产品的定位，都需要做到位，否则富人不会轻易买账。因此，在吸引富人群体的时候，一定要给自己一个更加合理的定位，产品的品位、品牌要达到一定的层次。商家要尽可能将自己的产品同市场上其他产品区分开来，这对产品本身而言是个挑战，对于营销工作也是一个挑战，比如要善于包装，做好品牌宣传工作，还要善于讲故事，赋予产品和服务更多的意义。

需要注意的是，赚富人的钱并不意味着可以随意喊价，可以肆无忌惮地提高产品的价格，也不意味着一味出售那些价格很高的产品或者是一些奢侈品，赚富人的钱更多的是一种营销策略、一种营销模式，它的目的是吸引更多的富人购买自己的产品，毕竟富人同样会购买一些中低端的产品，同样会关注一些价格低廉的商品。

消除个人的假赚钱动机

在现实生活中，人们在赚钱时存在两种动机：一种是直接以赚钱为目的，赚多少钱是个人奋斗的目标；另外一种就是不以赚钱为目的的动机，他们往往只是通过赚钱来满足其他目标。比如，很多人拼命赚钱是将财富当成个人社会地位的象征，他们认为只要自己赚到很多钱，就可以提升社会地位。还有一些人努力赚钱只是希望自己不用在经济上依赖别人，当他们赚到更多钱时，就可以保持经济独立，并拥有更大的自信，他们甚至不用担心当他们面临独自生活的情况时会因为缺少金钱的支撑导致生活质量下降。还有不少人赚钱只是为了提高家庭的生活质量，让亲人有更好的生活条件。

不同的人，会有不同的赚钱动机，而那些不是为了以赚到多少钱为目的的行为就是典型假赚钱动机，这一类人赚钱并不是为了满足日常生活所需，而是通过赚钱来获得价值感、尊严、爱以及权力。从本质上来说，这些人追逐的并不是钱，而是获得价值满足，获得更多的尊重，更多的爱，以及更大的权力。这样的人往往会有这样一些行为表现：

——他们喜欢被人反复强调自己赚了多少钱，并且会有意无意地通过财富来证明自己有多成功。

——他们喜欢通过物质上的赠予来表达自己的爱，尤其在爱人面前，他们经常有意无意地通过钱财来构建和强化彼此之间的关系。

——他们会看不起那些没有钱的人，并且努力避免自己被人看不起，因此很多时候会表现得很大方，出手也很阔绰。

——他们喜欢购买东西，喜欢收藏各种藏品，似乎买的东西越多，自己也越有安全感和成就感；买的东西越丰富，越能够证明自己的优秀和强大。

——他们对工作并没有自己的想法，也没有自己的计划，一切都听从老板的指令，而且他们对工作的投入，常常只是做给老板看的，他们会将公司给出的工资当成个人的最高收入，一旦工资上不去，就会不断抱怨，丧失工作动力。

这样的人一旦真的获得了自尊心、安全感、爱和权力的满足，就可能会失去对财富的热切追求，这就是为什么假赚钱动机并不能帮助人们长久地维持高收入的状态，原因就在于当人们意识到即便赚到了更多的钱也无法买到自尊心、安全感、爱和权力时，就会对赚钱失去兴趣，或者说赚钱的动力会减弱。

假赚钱动机会影响人们持久赚钱的能力，很多时候，人们即将获得钱财，但可能会以一些不自觉的方式丧失到手的机会，又或者当他们获得金钱后，仍旧会产生空虚感、自卑感、孤独感，无法享受到金钱带来的快乐。在面对这样的状态时，人们难以更长久、更稳定地积累财富。

从赚钱或者积累财富的角度来说，人们需要及时消除假赚钱动机，避免自己的赚钱策略、赚钱方法、赚钱理念受到误导，并且还应该寻找正确的、合理的赚钱动机，为个人赚钱注入新的活力。

那么如何才能消除假赚钱动机呢？

最重要的就是先了解自己做这件事的本质是什么，依靠这件事赚钱的动机是什么，有的人赚钱是为了满足大众的需求，有的人则是满足个人所扮演的特定角色的需求。为了满足大众需求的人，个人的价值往往会不断放大，而那些满足个人所扮演特定角色的需求的人，个人的价值往往会受到很大的限制。

比如，很多企业家创业是为了解决用户的痛点，为了改善消费者的生活，为消费者带来更大的便利，这样的企业家往往可以将生意做大做强，为消费者服务的使命感会促使他们不断改进自己的产品，不断提升自己的服务水平，他们的生意最终也会越做越大。

有个人创立了一家制鞋公司，专门制作并出售运动鞋。为了提升销量，获得更高的利润，他推出了一项特殊的服务，那就是为客户推出定制版的鞋子，这种鞋子不同于现做现卖的模式（现做现卖的效率太低），而是将鞋子零件化，鞋带、鞋面、鞋底、鞋垫、鞋舌、商标都是独立存在的，消费者可以按照自己的需求选择不同材质、不同颜色的零件进行搭配，这样一来，每一个顾客在理论上都有可能搭配出独一无二的鞋子。自从推出这项业务以来，公司的营业额节节攀升，创业者本人也赚得盆满钵满。

有的企业家只是为了扮演好一个企业家的角色，只是为了赚到更多的钱，以便证明自己是一个有实力、有身份、有地位的人。他们只是为了向周围的人证明自己的能力，这样的人并不会将全部的精力投入创业当中，也不会制订更加符合市场、迎合消费者需求的策略，他们的生意往往很难持久，因为为了实现个人盈利的目标，企业家可能会违心地做一些侵犯消费者利益的事情，可能会冒险做一些违反法律法规的事情，也可能会在一些项目上采取投机策略。

需要注意的是，除了端正自己的行为动机之外，人们还需要改变自己错误的价值观，不要将金钱的获得当成个人成功的证明，也不要将财富的多少当成衡量个人价值的标准，更不要将金钱当成个人自尊心、安全感、爱和权力的象征。人们需要明白一点：一个人想要赢得更多的关注，想要赢得更多的信任和爱，想要让自己在别人心中拥有更高的地位，并不是要赚多少钱，金钱不是万能的。如果一个人把金钱当成无所不能的工具，那么个人的格局和思维层次会受到很大的限制，这就决定了个人的财富难以获得很多的积累。

Chapter

财 富 积 累 需 要 更 强 大 的 心 性

消除稀缺心理的影响

哈佛大学行为经济学家塞德希尔·穆来纳森在畅销书《稀缺：我们是如何陷入贫穷和忙碌的》中提到了一个很重要的概念：心智带宽。所谓心智带宽就是心智的容量，是大脑和海马体之间，在单位时间内传输的有效数据量，它支撑着人的认知力、行动力和自控力。作者曾对心智带宽做了一个很重要的比喻，他认为人的大脑容量就像是一根水管，人们每天思考和计划要做的事情就是水管中的"水"，如果人们每天都在为那些困难的事情感到忧愁，每天都在思考如何解决眼前的问题，那么大脑容量就会被忧愁、焦虑占满，再也没有办法做其他方面的思考和计划了。如果人们每天都在一些无关紧要的事情上进行思考，那么大脑就没有办法腾出更多的空间来思考一些重要的事情了。

香港电视台曾经播出了一档叫《穷富翁大作战》的真人秀，节目组邀请了香港各行各业的很多精英来参加节目，节目组给每一位参与节目的嘉宾15港币的现金和一身普通衣装，然后让他们体验一周的基层人的生活。这些社会精英认为虽然基层的人生活苦了点，但自己平时能够应对那些复杂的工作，在节目中应该也可以轻松坚持下去。

当节目正式开始之后，这些嘉宾很快就陷入困境，有一个名叫 Eric 的香港商人，以前根本不用工作也能拥有大量的收入，但参加节目后只能做一份时薪 25 港元的工作。一开始，他觉得自己可以坚持一周，可是在勉强坚持完一天之后，Eric 完全没有了之前的意气风发，他开始打退堂鼓，并感叹道："不是自己没有上进心，而是在辛苦劳作一天之后，原来的信心、乐观态度和斗志，都会被巨大的生活压力一点一点磨平！"

另一位嘉宾田北辰，是香港裤王的儿子，一个典型的富二代，在参加节目时，负责清扫大街。而在工作了一段时间之后，他就大吐口水，说自己腰酸背痛，没办法继续坚持下去了。他告诉摄影组的成员，自己已经干了 4 个小时，希望休息一段时间，但实际上他只做了两个小时。一整天下来，田北辰身心俱疲，他对着镜头非常沮丧地说："很奇怪，我这两天只是考虑吃东西，我完全没什么盼望，我甚至都不奢想，我努力工作只是希望吃一顿好的。"

经过这一期节目的历练，这些社会精英明白了一件事，那些基层的人之所以难以翻身，并不是因为他们没有想过制订计划，没有想过构建更高的人生理想，而是因为他们的生活全部被劳碌、焦虑占满了，他们的脑子每天想的是生计问题，根本没有余力思考更长远的事。明天应该做什么，未来会怎样，他们根本没有精力去思考。

在日常生活中，人们之所以很难赚到钱，就是因为金钱的稀缺，导致脑力资源被全部占据了，人们的精力和注意力全部消耗在如何生存和赚钱上。这个时候，他们很难有剩余的精力制订更好的计划，思考更多的方法。

因此，人们很容易变得缺乏耐心、目光短浅、行动滞后、自控力差。

也正因为如此，穷人想要改变自己的命运，想要获取更多的财富，要先摆脱稀缺心理的影响。

首先，人们必须对自己所处的困境保持警惕心，先不要急着忧虑，而应该保持内心的缓和平静，然后想办法将塞满自己心智带宽的垃圾数据清理掉，比如消除一些负面情绪，消除一些不切合实际，以及没有太多意义的想法。

其次，努力让自己静下来，清除内心的压力，或者想办法找一些让自己开心的事情，因为压力是降低心智带宽的罪魁祸首。压力其实是稀缺心理引发的身体反应，压力的作用就是通过分泌肾上腺素，作用于交感神经，接着迅速提升身体机能，为应对压力事件做好充分的准备。就像人们犯了错会懊悔和羞愧，想着逃离人群；而受到外界攻击时，会感到愤怒，并想立即做出回击。想要消除身体的过激反应，就要降低压力。同样的，想要保证心智带宽不会被负面的、无价值的东西占据，就要想办法消除压力。

再次，人们需要弄清楚自己真正需要什么。具体来说，人们可以拿出笔，把大脑中所有要做的事情和自己想要的东西通通写在纸上，然后逐一进行审视和分析，哪些事情是有意义的，哪些东西是重要的，哪些东西可以果断舍弃的，哪些事情可以不用去思考、不用去计划、不用去做。

最后，主动改变心态。对于生活保持平常心，只要自己赚的钱能够满足日常所需就行了，没有必要刻意强求太多。人要学会知足，知足的人可以减轻对财富的依赖，知足的心态会淡化稀缺心理的影响。人们还需要建立正确的财富观，不要将财富看得太过重要，不要认为金钱就是生活的全部、金钱就是衡量生活价值的最重要因素。有时候看开一些，个人所面临的压力也就更小，个人的注意力就不容易被稀缺资源占据。

总的来说，人们需要找到对抗稀缺心理的方法，找到克服和转移压力的法门，让自己的大脑保持放空的状态。只有让自己回归到一个理性的、余闲的状态，人们才有机会思考更多、更高效的赚钱方法。

抗逆力是获取成功的重要保障

在 2008 年的金融危机中，"钢铁侠"埃隆·马斯克的事业遭受严重的冲击，无论是特斯拉还是 SpaceX 公司，都面临破产的危机。那个时候，马斯克的研发团队遇到了技术瓶颈，迟迟无法实现突破，而手里的资金已经告急，根本维持不了多久，无论是华尔街，还是一些富豪，或者投资机构，对马斯克的事业都丝毫不感兴趣，他们不愿意提供任何资金上的支持。

在事态越来越严峻的时候，马斯克开始变得焦躁不安，要知道一旦两个项目破产，他不仅会变得一贫如洗，而且之前所有的努力都会付之一炬，想要再推动公司的项目，几乎没有任何可能。

马斯克的第二任妻子妲露拉·莱莉（Talulah Riley）见证了这一切。作为与马斯克共患难过的女人，莱莉对于当时发生的事情印象深刻。她非常清晰地记得当时马斯克的心理状态有多么糟糕："那时，他看起来总是愁容满面，你知道的，就像是某个人一直在死亡的边缘徘徊。他那个时候经常会在半夜的噩梦中尖叫着惊醒过来，有时候，即便还在梦中，他也会突然爬起来，然后开始尖叫，充满了恐惧和无助。"

到了 2008 年 12 月底，情况依然没有得到任何改善，反而变得越来越严峻。某一天，马斯克从公司的首席财务官那儿得到了一个不好的消息："公司账面上的资金最多只能维持三天，甚至更短。"这几乎让马斯克当场崩溃，三天的时间就能决定一家公司的生死，这是马斯克此前从未预料到的，如果自己没有筹集到资金，那么特斯拉和 SpaceX 就会在一夜之间消失。在 2008 年圣诞节的前一个星期天，他度日如年，一整天都很恍惚，接近他的人发现了一些不好的征兆：这位向来精神焕发的创业者，从早上开始就出现比较严重的头晕症状，走路也不稳。但这一天，他还是同往常一样迈着步子走进了办公室。他没有退缩，仍旧在想办法缓解危机。在那之后的很长一段时间，他都在努力坚持，并且一直都在想办法寻求解决问题的办法。经过一段时间的努力，情况终于得到好转。特斯拉的成功融资和 SpaceX 飞行器的成功升空，使得他获得了巨大的成功。

一般来说，经历过这种巨大压力的人大多数都会退缩，即便坚守下来，多数人也会在重压之下出现决策上的失误。这个世界上只有极少数人可以在压力中越做越出色，他们的抗逆力和自信是罕见的，马斯克就是其中之一。他绝对不允许自己产生放弃心理和恐慌心理。对于那些顶级的成功者而言，他们拥有一颗强大的心脏，能够在压力和挫折面前保持冷静的头脑，并主动将挫折、失败当成一种历练。

每一个人在成功的道路上都会遭遇巨大的困难，遭遇各种挫折和失败的打击。多数人在挫折和困难面前选择放弃，只有少数人可以迎难而上，一次次做出尝试和挑战，直到获取成功。所以成功者之所以可以成事，并不是因为他们运气足够好，天赋足够高，只不过是因为他们比其他人更善于坚持，承受压力的能力更大，而这种承受力就是一种抗逆力。

心理学家诺曼·加梅齐多年来一直在研究抗逆力。他认为抗逆力具备三种基本形态：第一种是克服困难的能力，人们可以凭借内在的信念和身体的免疫机能化解危机；第二种是克服压力的能力，主要是指个人适应环境变化，以及应变突发事件的能力；第三种是创伤复原的能力，主要是指个人克服挫折的成功经验、心理自动康复的能力、构建成功的能力，这种能力能确保人的心理状态不会出现太大的问题。

一个抗逆力强大的人会对困难和危机产生免疫，会利用自身的优势构建一种防御机制，甚至将自己面临的危机直接当作促进自己成长的机遇。正因为如此，人们想要获得成功，就需要积极培养自身的抗逆力。那么应该如何培养抗逆力呢？

国际抗逆力研究计划 IRRP（The International Resilience Research Project）在研究抗逆力时，提出了一个著名的 3I 结构，即"我有"（I have）、"我是"（I am）和"我能"（I can）。

"我有"强调个人要主动挖掘自己所拥有的外在支持与资源，提升自己的安全感。这里所说的外在支持和外在资源包括来自家人、爱人、朋友、同事、领导、同学的帮助。简单来说，人们应该思考自己拥有什么资源，想象这些资源可以给自己提供的帮助。这种安全感往往能够有效提升自己抵抗挫折和风险的能力。

"我是"是指人们发现个人的感觉、态度及信念等内在力量。这是个体挖掘内在优势的一种方法，是建立自信、克服困难、直面危机的基础。当人们意识到自己是谁，拥有什么样的能量时，就会产生很强的精神力量，从而提升个人应对危机及解决问题的力量。

"我能"是人们发现和培养个体的人际技巧和解决问题的相关能力，类似于创造力、恒心、幽默、沟通能力等。"我能"属于个体的效能因素，它主要体现在人际关系的建立和培养，体现在个人具体的办事能力和自我调整的能力。强调"我能"有助于人们培养独立思考和解决问题的能力，有助于人们缓解自身压力，并寻求更强大的精神能量。

对于人们来说，可以使用 3I 结构来提升自己的抗逆力，让自己在遭遇挫折时可以获得更大的精神能量。

改变头脑中的贫穷程序

　　心理学家认为人在成年后的生活往往受到童年的影响，童年生活会帮助人们树立早期的信念，而这个信念会成为引导个人成长的程序。比如，很多人从小就过得比较压抑，童年时期不敢明确表达自己的诉求，因为他们担心遭到父母的反对，引起父母的不满，所以很多时候会刻意压抑自己。这个时候，童年生活就在他们的脑海里留下了一个基本的信念，这些信念会像电脑程序一样下达各种指令，指挥成年以后的生活。压抑的人通常在成人以后很难有魄力追求自己喜欢的东西，他们会不断顾忌别人的感受，并且认为自己的追求是不道德、不理智的自私行为。而那些胆子更大，更知道表达和追求自己所需的人，长大以后会想尽办法追求个人的目标，因为他们的心中也有一个信念，这个信念会帮助他们克服内心的懦弱，最终获得成功。

　　在赚钱方面往往也是如此。如果对人们的赚钱思维、赚钱行为进行分析，就会发现人们早在赚钱之前就已经给自己设定了各种程序，对于那些陷入贫穷的人来说，他们从一开始就给自己设置了贫穷程序。

　　一般来说，贫穷程序的形式有很多，不同的人身上往往会设置不同的贫穷程序。

　　比如，很多人对于金钱保持一种厌恶的情感，他们认为当一个人变得富裕时，他会失去真正的爱情，因为大家往往会因为钱和他在一起；他还会失去友情和亲情，因为所有的亲密关系都会受到金钱因素的影响；他还会不断变坏，因为金钱会腐蚀一个人的内心，会让人迷失本性，他开始耽于享受，开始为了赚钱而不择手段。当一个人长期秉持这样的信念和想法时，他对于金钱的态度会发生变化。他开始排斥金钱，并且认为富人无论如何都不会幸福，钱是万恶之源，所以赚钱并没有什么价值，只有穷人才是纯洁的、善良的。拥有这种心理的人，基本上都不会获得太多的财富，因为内心的信念已经演变成了一个贫穷程序。

人们对于金钱的一些误解往往会导致贫穷程序过早地被设置。不同的人，其贫穷程序也是不同的，有的人会认为金钱带来罪恶，身边一些"有钱就变坏"的案例也会影响他们的认知。

有的人会在潜意识中不断给自己估值，当人们认为自己只值多少钱时，就会将这个金额当成个人发展的限制，一旦自己的工作所得达到这个金额时，他们就会放弃继续努力，觉得自己无论做得多好，也不可能获得更多的钱了。这个时候，他们内在的贫穷程序就被设置了，他们会觉得自己无法进一步变富。

还有一些人认为赚钱是一种冒险的行为，越是赚大钱，越是困难，人们就越要冒更大的险，而冒险行为会让人感到焦虑，会让人压力重重。为了避免焦虑，为了降低和消除压力，人们有时候就会这样想："我不希望为了这些钱而陷入焦虑的生活之中，相比之下，现在的生活穷了一点，可是更加轻松，更加充实。"当人们将赚钱和焦虑捆绑在一起的时候，就在头脑中设置了一个贫穷程序，以后他们为了逃避焦虑和压力，就会丧失赚大钱的机会。

又如，有些人很穷，这种贫穷有可能是真的缺钱。当一个人没有多少存款，工作不好，收入很低且不稳定，就有可能陷入贫困。贫穷也有可能是个人的主观感受，也就是说，一个人本身并不缺钱，至少和大多数人相比，他不缺钱，但内心总是觉得自己很穷。这类人往往很自卑，而且内心会时常感到空虚。当人们长期给自己灌输"自己很穷"的观点时，同样会启动贫穷程序，他们会不断丧失工作的动力，无论自己做得多出色，都会觉得这没有任何意义，因为自己不可能像那些亿万富翁一样应有尽有。不仅如此，他们会认为财富正在损耗自己内在的精神力量，正在让自己变成一个空壳；会认为自己只是一个为钱而努力浪费时间的可怜虫，会觉得自己的精神很贫穷，而这最终会阻碍个人的财富增加。

如果人们想要改变贫穷的局面，想让自己积累更多的财富，就要及时观察和分析，思考自己的头脑中是否早设置好了一些贫穷程序，如果有的话，及时改变这些贫穷程序。而想要改变贫穷程序，往往需要对自己的思维方式和心理模式做出调整，让自己重新建立正确的金钱观，重新审视金钱的价值。

美国著名演说家安东尼·罗威尔曾在卡耐基大厅发表了一次重要的演讲，而这一次的演讲让很多听众受益匪浅，且很快掌握了发家致富的方法，并迅速变成了人人羡慕的富翁。罗威尔的魔力究竟在哪里呢？为什么可以给人带来那么大的影响？

如果对罗威尔的方法进行分析，就会发现他为人们提供的致富方法很简单，就是进行充分的心理想象。他会引导所有听众闭上眼睛，保持一种平静的状态，然后努力想象出一个巨大的磁力旋涡，人们必须去感知它的存在。在这个旋涡之外，存在很多人们梦寐以求的东西，包括昂贵的包包、高端的电器、豪华的汽车、大笔大笔的钞票，接着人们需要动用想象的力量将这些自己迫切想要得到的东西拖入磁力旋涡中央，想象一下自己成为有钱人的样子，想象一下有钱人的生活是怎样的。人们可以反复练习这个方法。这是一种可视化的方式，可以有效培养关于金钱和财富的积极意识。

为了提升个人可视化的能力，人们需要强化右脑的功能，确保自己可以形成更好的画面感，提升个人的直觉和想象力，通过想象力和画面感来培养正确的金钱意识，改变自己对金钱的不合理看法，消除头脑中设置的贫穷程序。

除了树立正确的财富观和金钱意识之外，人们需要改变自己的负面情绪和负面思维。如果认为金钱是罪恶的，认为赚钱会带来巨大的风险，认为金钱会导致人际关系遭受破坏时，需要给自己一些正面的、积极的暗示，告诉自己："我能够找到解决问题的办法。"人们需要大胆地承认自己对金钱的需求和喜爱，而不是遮遮掩掩，让自己处于尴尬的境地。当个人的思维做出改变后，就可以以更加积极的心态对待金钱和财富了。

要具备驾驭财富的能力和心境

财富的积累往往包含两个方面的内容：第一个方面是赚钱的能力，简单来说，就是可以赚到多少钱。赚钱的能力是财富积累的基础，如果没有强大的赚钱的能力，那么个人想要积累更多的财富就会变成空谈。第二个方面是驾驭财富的能力，这里的驾驭更多的是强调对金钱管理的能力，简单来说，就是人们是如何支配这些钱。

驾驭财富的能力同样很重要，但在日常生活中，人们很容易忽略这一点。比如许多人会片面地认为只要一个人能赚钱、会赚钱，那么个人财富就可以水涨船高，但如果对那些破产的商人、富二代进行分析，就会发现赚钱的能力并不等于财富积累的能力，很多赚钱能力一流的人，最终反而过得比普通人还要穷困，原因就在于这些人不善于管理财富，经常把财富挥霍在一些奢侈品消费中，或者浪费在一些无头无脑的投资项目中。这些人对人生通常没有什么明确的规划，对工作也缺乏耐心，很多时候只是盲目投资，而本质上还是因为他们缺乏驾驭财富的能力，不知道如何让财富得到合理的应用，不知道如何让金钱创造出更多的财富。

美国一家电视台曾经推出一档纪录片，他们随机采访和跟踪数百位中了彩票头奖的幸运儿。经过10年的跟踪，他们发现大多数人最后变得一贫如洗。原因很简单，当这些人突然变得有钱了，便开始肆无忌惮地挥霍，购买豪车豪宅、各种奢侈品，和朋友夜夜笙歌，毫无节制。不仅如此，他们还会跟着朋友做生意，投资各种自己不太了解的项目，最终在短时间内把钱花完。其中，过了3年时间，超过一半的中奖者就花光了奖金；5年以后，当初把奖金用来购买房子和车子的人，最终也卖掉了房子和车子；10年之后，超过95%的幸运儿把获得的奖金全部花完，而且生活水平还不如中奖以前。

由于没有驾驭财富的能力，很多人最终都守不住钱袋子，导致辛苦赚到的钱都浪费在过度消费和无效投资当中。还有一些缺乏驾驭财富能力的人，只懂得一味存钱，他们害怕消费，害怕自己有一天会失去这些钱，所以总是千方百计将所有赚到的钱存起来，而这些钱既没有用于消费，也没有用于投资，基本上无法创造任何价值和新的财富，他们手里的钱最终会随着时间的延长而不断贬值。这类人并没有真正意识到金钱的价值，也没有真正发挥出金钱的作用，一味存钱反而会让自己原地踏步，无法找到增加财富的渠道和方法，也无法实现钱生钱的目的。

无论是胡乱花钱、胡乱投资的人，还是只懂得存钱和储蓄的人，他们往往很容易成为金钱的奴隶。这类人缺乏控制和管理财富的能力，只会受到金钱的腐蚀。越是乱花钱，就越是表明他们受到了金钱的蛊惑，而越是想办法存钱，也是表明他们害怕金钱带来的压力，害怕自己不具备管理金钱的能力而导致财富流失。

从某种意义上来说，财富只有在能够驾驭它的人手中才能发挥出真正的价值。盲目支配财富，只会让自己陷入困境。那么人们如何才能提升自己驾驭财富的能力呢？

首先，改变自己的思维，不要将财富当成一种享乐的工具，不要觉得自己有钱了就可以肆意挥霍，以满足自己的物质需求。如果一个人赚钱只是为了享乐和挥霍，那么只会变得越来越贪婪，最终可能会耽于享乐而丧失奋斗的勇气。最好是想办法进行资产的合理规划，确保自己的生活能够得到保障，同时也能够拓展收入渠道。

其次，明白驾驭财富并不是胡乱投资，也不是守着钱财不松手，真正的驾驭财富是一种对财富的高效管理，人们需要依靠手里的金钱去创造更大的社会财富。因此，人们需要认真学习管理资产的方法和策略，努力让自己掌握财富增值的密码。

最后，明白金钱的价值在于创造。每个人手里的钱都不是用来享乐的，只有用于社会，用来创造更大的收益，创造更多的社会财富，手里的钱才有价值，赚钱的行为也才更有意义。

总的来说，人们想要获得更多的财富，必须努力提升自己，让自己配得上这些财富，其中就包括提升管理财富的能力，以及增加承受财富的勇气和信心。

在日常生活中，很多人一旦暴富，其内心就会波澜起伏，之前所有的消费习惯都会发生改变，失去对财富掌控的能力。其中很大一部分原因就在于个人的心境还无法达到管控这么多财富的水平。当个人的内心被财富诱惑和控制后，其生活也会陷入混乱。一个可以真正实现长久富裕的人，往往具备强大的心性，可以抵挡住财富的压制，轻松管控好自己的财富。

Chapter 9

积极借势，不要孤立地看待自己

把握时代的发展趋势，懂得顺势而为

如果对那些顶级富豪的发家史进行分析，就会发现大部分富豪之所以可以积累亿万身家，很大一部分原因在于其把握和享受了时代发展的红利。可以说，他们的致富和时代发展的趋势息息相关，如果没有大时代赋予的发展机会，这些富豪很难依靠自己的能力获得惊人的财富。同样的，那些不注重把握时代发展趋势，甚至违背时代发展趋势的人，就难以获得成功。

比如，在之前房地产高速发展的十几年时间里，很多炒房者积累了亿万身家，即便是一些普通人，也通过购买房子改变了命运。无论是北京、上海、深圳、杭州、武汉，还是其他一线、二线城市，都曾享受到房地产发展的红利。2010年以前在北京购买一套房子，那么七八年之后，这套房子可能会增值数倍，而增值得来的钱财几乎抵得上一家中型公司一年的利润了。但是随着时代的发展，房地产渐渐进入下行期，多数房产都失去了投资的价值，这个时候，继续投资房地产只会让自己陷入困境。

这里需要明白一点，很多时候，有些人之所以可以赚到很多的钱，并不完全因为他们足够聪明，不是因为他们的专业技能比其他人更加出众，也不是因为他们运气更好，只是因为他们更加懂得把握大环境。在大环境下，他们只要足够努力，就可以站在风口起飞。房地产行业是这样，电商行业是这样，直播行业也是如此，接下来的人工智能也会产生类似的现象，只有顺应时代的发展需求，顺应政策的要求，才能享受到时代发展的红利，才能够更有效地积累财富。

新东方创始人俞敏洪就是一个善于利用时代发展趋势的人。他总是可以敏锐地感知时代发展的趋势和需求，从而有效制订自己的发展方向和策略。从早期的线上教育开始，俞敏洪就把握住了时代发展的趋势。20世纪90年代初，他意识到国内教育培训产业快速发展带来的巨大商机，于是辞掉了北京大学任教的工作，在1993年成立了新东方学校（后来更名为新东方教育科技集团），进军教育培训行业，仅仅几年时间就迅速崛起，成为行业内的标杆，也直接带动了国内教育培训行业的完善和发展。可是随着中国教育产业的变革，以及国家双减政策的实施，新东方教育科技集团开始迅速收缩阵线，被迫放弃原来的战略高地。俞敏洪顺应时代需求，退还了学生的学费，还妥善安置了所有的教培老师。

很快有人建议俞敏洪做投资，毕竟新东方拥有大量的现金流，但俞敏洪认为最近几年的经济发展并不景气，投资行业竞争压力很大，对于一家从未有过类似经验的企业来说，想要做好投资项目并不容易。与之相比，国内的互联网直播行业正如火如荼，而在直播行业中，多数都是主播帮助企业宣传和销售产品，很少有企业做直播，俞敏洪意识到这是一个突破口。不久之后，俞敏洪迅速组建了直播团队，开始成立东方甄选这个直播平台，直接将新东方转型为一家直播带货公司。结果，企业直播迅速火遍全网，俞敏洪和东方甄选成为直播界一股不可忽视的力量，并成功依靠直播重新掌控了流量。

从社会发展的规律来说，时代不断往前发展、进步，时代的发展会催生新的产业，同时也会消灭旧的产业，这样就可以为人们的发展带来契机。那些发展情况不好的人，更应该把握时代发展的趋势，从中寻找翻身的机会，同时避免踩坑。那么如何才能更好地借助时代发展的趋势制订适合自己的发展策略呢？

首先，人们需要密切关注大环境的变化，多关注一些新事物，当社会上出现一些有影响力的新事物时，应该花更多的时间去了解它们，然后分析它们商业化、市场化、规模化的可能性有多大。

其次，人们需要懂得密切关注国家政策，了解国家政策扶持的重点项目是什么，国家正在关注什么东西。一般来说，国家政策属于市场发展的风向标和指示灯，政策的出台往往会刺激相关行业的发展，因此，谁能够最先了解政策指向，谁就越容易把握行业发展的方向。

再次，任何事物的发展都有规律可循，任何事物都会经历发展、高潮和衰弱的过程，人们要做的就是了解经济发展的规律和政策制订的一些规律，从中找到投资的契机。

最后，人们应该积极关注生活本身，细心体验生活，看看生活中发生了什么变化，生活中产生了什么新的需求，人们对生活有什么新的要求等。这些变化本质上也是反映时代变化发展的一些征兆，人们可以从中找到更有价值的信息。

总的来说，人们想要积累更多的财富，就要摆脱一个人蛮干的思维，懂得将个人发展与时代发展结合起来，懂得在时代的背景下考虑个人的发展问题。只有了解时代发展的趋势，人们才有更大的机会掌控财富密码。

吸取别人失败的经验，少走弯路

在赚钱方面，经验的借鉴往往也是一个非常重要的方法和策略。很多成功者都会想办法从别人那里获得更多有参考意义的东西，甚至当面获得更有价值的指导。不过在谈到经验的借鉴时，很多人都存在一个偏见，认为只有那些成功的经验值得借鉴。也就是说，人们应该向那些已经取得成功的人请教赚钱的方法、策略和心境，了解对方是如何获得成功的，对方的赚钱之道有什么可取之处。而很少有人愿意反其道而行，去了解别人为什么失败，在获取财富的过程中犯了什么错误、存在什么不足，可以说多数人想的是如何借鉴他人的成功经验为自己搭建一条致富的捷径，而忽视从他人失败的经历中获得指导，减少自己要走的弯路。

成功的经验固然有很大的价值，但学习别人的成功经验，不一定能够复制别人的成功，可以说，复制成功本身就是一种小概率事件，因为每个人身上的成功要素都是不一样的，即便是做同样的事情，面临同样的环境，拥有同样的资源，人们获得成功的原因也会存在差异。但失败的经验则不同，当人们尝试着学习失败者的经验时，往往可以从中获得有价值的内容，避免自己犯下同样的错误，甚至更多的错误，从而有效提升自己的成功率。

从概率论的角度来说，失败的概率要远远超过成功的概率，一件事情想要获得成功，往往会经历几十次甚至上百次失败，每一次失败的经历都可以作为一种参考信息，失败次数的积累本身就代表了经验的积累，所以在学习他人失败经验的时候，往往可以获得很多有价值的信息。相反，个人的成功很多时候都具有一定的偶然性，即便让成功者重新开始，他们也未必可以达到同等的效果，可以说经验的积累厚度是比不上失败的。在日常生活中就是如此，很多人喜欢聆听成功学，喜欢听那些成功故事，但很少有人可以真正获得成功。相比之下，失败经验的传播反而更具普遍意义，人们更容易从中找到自己的不足，而且人们对失败的感触往往也更深。

阿里巴巴的创始人马云非常喜欢研究别人的失败，在他看来，失败可以带来更多的指导，能够帮助更多的创业者和企业家少走弯路，而成功的经验往往是不能复制的，所以他不止一次强调："研究失败的案例比研究成功的例子更有价值。"投资大师查理·芒格一辈子都在努力控制投资风险，他一直都努力总结前人失败的经验，并竭尽全力避免自己犯别人犯下的错误。他曾经这样说道："如果知道我将死于何处，那么我将永远不会去那里。"事实上，经过几十年的分析，他成功借鉴失败者的经验，在投资领域避开了很多坑。

有人曾对中国企业的发展做过调研，发现自20世纪90年代开始，很多企业家开始学习西方大公司先进的管理模式，可是绝大多数的企业最终都失败了。有的人直接照搬模式，有的人选择从中汲取有营养的东西。在具体落实的过程中，大家发现相关的管理模式根本不适合自己。因此，有的企业开始转变思维，选择从那些失败的案例中寻找有价值的信息，这让他们在创业时顺利避坑，反而制订了更合适的管理体系。

又如，在国内有很多优秀的企业都选择不上市，这些企业并没有被上市公司巨大的融资能力所诱惑，他们花费了很多时间和精力参考了那些失败的上市公司的经验，发现上市本身也存在很大的风险，而且很多上市公司都遭遇了严重的经营管理问题，甚至遭遇了外来资本的干扰和控制，最终导致发展陷入困境，不得不退市。正因为学习了上市公司的失败经验，这些企业的管理者开始选择避坑，最终选择不上市，而不上市反而让企业可以更好地发展。

成功很难直接复制，而失败可以帮助人们降低失败的概率，因此，人们想要更好地积累财富，就要努力吸取那些创业失败者、投资失败者的经验，了解他们失败的原因是什么，最大的失误在哪里，有什么样的特质；他们在什么时候最容易犯错误，最容易忽视什么样的错误；他们做了什么样的无用功，最后悔的事情是什么。了解的失败案例越多，对可能导致失败的因素就越了解，对致富过程中可能遭遇的困难也就越能做好防备。

那么具体应该怎样做呢？从失败经验的总结来看，一般可以分为两个部分：

第一，人们应该主动了解那些成功者的失败经验，因为很多成功者就是依靠这些失败经历，不断总结经验而获得成功的。他们的成功就是通过对失败经验的总结和修正取得的，对这些失败的经验进行研究和分析，可以更好地了解成功者在奋斗过程中踩过的坑，可以更清晰地了解他们在失败中是如何一步步成长起来的。

第二，人们需要想办法了解那些失败者（最终未能取得成功）的经验，对他们进行分析，可以更好地总结失败者无法成功的原因。世界上的成功者只占少数，无论是哪一个行业，想要赚到大钱，想要成为身家亿万的巨富，往往都很困难，只有少部分人可以获得成功，而其中的多数人都会在失败中成为普通人。人们可以从失败者的生活和工作经历中找到一些普遍性的因素，可以找到那些最容易影响人们获得成功的因素。当人们研究的失败者越多，吸取的经验越多时，就能够找到更多的失败因素，这对个人的成长和发展往往至关重要。

无论是哪一种学习和参考模式，最终的目的都是为了找出更多阻碍前进的因素，人们需要用心研究、总结，并结合自己的实际情况进行分析，降低出错的概率。

择机而动，把握最佳出手点

人们通常认为一个人发家致富靠的是个人的能力、运气，所做的事情、所选择的方法和所制订的策略都是个人决定的，因此，他们会想当然地认为致富就是自己一个人的事情，是自己想办法实现工作目标，创造收益的行为。从个人的角度来说，每个人都有自己的致富方法和渠道，每个人都有自己的致富目标，但人们不能仅仅将目光停留在自己身上，而应该关注行业、社会中的其他参与者，因为在社会中，人与人之间存在各种联系，人们的行为往往不是孤立存在的，会与其他人产生相互作用，像创业、投资这一类挣钱的事，就会受到市场上其他参与者的影响。

因此，人们无论是创业、投资，还是干普通的工作，本质上都是同其他对手竞争，而竞争就需要掌握更多的技巧，其中对于时机的把握至关重要。

以炒股为例，炒股从表面上来看是个人对股市和股票发展趋势的判断，属于个人行为，可是炒股本身就是一个多人游戏，不同的人会有不同的判断和决策，而各种各样的决策推动了股价的变化。也就是说，个人的炒股行为本质上受到其他人的牵制与影响，或者说炒股是个人与无数投资个体之间的竞争。而善于炒股的人虽然都知道低买高卖（在股价低的时候买入，股价高的时候卖出）的策略，但什么时候才是最低点，什么时候会是最高点，往往不容易判断。考虑到股民追涨的心理，多数人在股价下跌到低位时，会想着股价可能还会继续下跌，而在股价上涨到高位时，仍旧想着会继续上涨，这种等待心理往往会导致人们错失最佳的机会。只有极少数优秀的人，可以真正把握住合适的时机。

前华人首富李嘉诚是一个非常善于把握时机的人。很多人喜欢研究和模仿李嘉诚的投资策略，但多数人只关注他说过的一句话："只赚趋势的钱。"却忽略了他说的另一句话："不赚最后一个铜板。"无论是投资股市，还是投资地产，李嘉诚都会在上行到最高点之前出售手里的股票和房产，而绝不会冒险去赚最后一个铜板。有些人可能觉得李嘉诚有些保守，明明项目还在增值，股价也还在上涨，为什么不继续持有呢？就像一只股票已经连续上涨了 5 个月，从 2 元的价格上涨到了 17 元，这个时候，股价还能继续上涨，甚至有机会达到 20 元的顶峰。多数人会选择继续赌一把，想办法等到股价上涨到 20 元再出手，而李嘉诚通常的做法是确保自己在股价为 17 元、18 元的时候离场，尽管他本有机会赚得更多，但提前离场也让他的投资变得更加稳妥、更加安全。这就是李嘉诚几十年来在商界屹立不倒的原因。

在投资房产和其他产业时也是如此，即便房子的价格一直在上涨，他也会适可而止，一套房子的价格能上涨到每平方米 10 万元，他最多在 8.5 万元的时候出手卖掉。一个项目可能会跌到 20 亿元，那么他可能在 23 亿元的时候就提前买入，尽管人们认为他对于项目高点和低点的判断存在误差，但实际上不寻求精确的预测恰恰是他把握最佳时机的法宝。

真正能够获得财富积累的人，往往会在与众人博弈的过程中，注意时机的把握。他们会观察其他多数人的反应，了解整个市场的发展趋势，看看整个市场的总体趋势是怎样的，这个趋势维持了多久，是否符合相关项目发展的规律。他们还会想办法对其他人的博弈心理进行分析，有多少人受到了从众心理的影响，有多少人对局势的发展保持谨慎的态度。他们会针对市场表现和竞争者的行为，做出分析和预测，而在选择时机的时候，并不盲目追求自身利益的最大化，不盲目追求个人财富增长的最佳点。他们真正要做的是借助趋势来赚钱，想办法在绝大多数竞争对手没有反应过来的时候出手。这样虽然不能保证自己可以获取全部的收益，但至少很好地兼顾了收益与风险。

一般来说，想要准确把握好赚钱的时机，就需要做好以下几个方面的工作。

首先，绝对不能贪婪，必须意识到钱是赚不完的，任何时候都不能想着保证利益最大化，将所有潜在收益都投进去。这并不是一个明智的选择，因为贪婪可能会让人变得更加冒险、更加冲动。为了获得更多的财富，人们可能会违背自己一直以来的做事原则，甚至因为急功近利而犯错。真正聪明的人，懂得适可而止，只要收益还不错，就要保持知足的心态。

其次，应当保持果断的姿态。当机会出现的时候，不要犹豫不决，不要想着"要不要再等一等"。很多人愿意等待更好的机会，愿意等待收益最大化，但等待本身就是一种冒险行为，毕竟局势可能会在短时间内发生很大的变化，很多最佳机会往往就是在等待和迟疑中白白错过的。因此，面对良机应该保持果断，一旦发现合适的机会，就要立即出手。

最后，培养自己观察和分析的能力，平时应该针对投资的项目进行分析，了解相关项目的发展情况，了解竞争者的情况，只有掌握更多的市场信息，才能更好地把握机会。

了解未来会发生什么比何时发生更加重要

在追求财富的时候，许多人会特别担心自己的工作和事业，他们总是觉得在某一时刻会发生一些挫折，或者在某一时刻可以获得成功，因此总是迫不及待地想要弄清楚那些不好的情况会在何时发生，或者财富在什么时候到来。比如，做生意的人比较在意自己什么时候会遭遇巨大的亏损，什么时候会迎来最好的发展机会，什么时候可能面临破产的困境，什么时候可以获得巨大的收益。他们通常会本能地寻求一个具体的时间点，弄清楚未来发生的事情，这样就会导致他们产生投机心理，想尽可能在困难到来之前完成财富的积累。

而真正善于积累财富的人，更加关注未来会发生什么，自己将会面临什么样的处境，而不是未来什么时候会遭遇什么。对他们而言，了解事情发展的趋势本身比具体发生的时间更加重要。比如，很多创业者在选择创业项目的时候，会认真进行分析和评估，弄清楚未来这个行业的发展是好是坏，自己是否有机会可以赚到更多钱，或者是否会遭遇严重的亏损，而不是试图去猜测自己什么时候可以赚到钱，什么时候会出现亏损。

对于趋势的了解直接决定了人们是否对自身的选择及未来的发展保持信心。以投资为例，很多人在投资项目时，总是渴望获得一个更加精确的答案：这个项目在一年之内是否可以赚到钱，这个项目未来什么时候能赚钱，什么时候亏钱。过于看重这些，往往会影响他们接下来的行动，他们会冒险投机。假设他们预测股票在某一价位上跌入谷底，那么他们可能会依赖这种主观判断，在这个价位到来的时候果断购入股票，但实际上股票可能还会继续下跌。

在大多数时候，人们是无法准确预测和计算事件具体发生的时间的，就像那些炒股的人，他们基本上无法准确预测一年以后的道琼斯指数究竟会怎样变化。那些试图预测道琼斯指数在某一时间段会出现变化的人，往往会以失败告终。即便是最优秀的投资者，也不得不承认，很多计量经济模型、预测时间的方法，在最需要它们的时候反而失灵了。很多经济学家、股市分析师、投资者在股市灾难到来之前，往往无法感知危险的临近。

通常情况下，人们只能依据投资项目的基本信息做出分析，预测股价未来会上涨或者股价总体上会呈现下跌趋势，但没人能够说清楚什么时候发生，因为市场本身就处于不断变化的态势之中，人们对于相关数据的分析往往是静态的，这就决定了人们基本上不太可能准确预测某一个时间点上将会发生什么事，对于具体时间的预测无疑违背了市场发展的规律。真正会投资、会赚钱的人，看重的是未来发展的趋势，而不是对事件发生的具体时间点进行预测。

2006 年，美国房地产和房产抵押市场非常火爆，当时包括普通民众和华尔街的大多数金融分析师都认为这样的盛况还会继续持续下去。尽管所有人都知道房地产不可能一直火爆下去，总有一天会下滑，但他们并不认为这一天很快会到来，不少人甚至提出下一个十年房地产仍旧会保持高速增长的状态，也有人预测房地产出现下滑的时间点应该是在 2010 年左右，而在这之前，他们仍旧觉得自己可以继续从中获利。但投资人约翰·保尔森隐隐发觉美国房地产的泡沫已经面临破裂的风险，他知道这一天很快就会到来，所以亲自带领基金团队搜集了大量房贷市场的财务数据，还对普通民众的抵押房产进行追踪和分析，最终搜集了大量数据。保尔森意识到美国房地产存在巨大的房贷危机，他并不执着于猜测爆发的具体时间，只是笃定这个危机在不久的将来肯定会出现。

保尔森很快意识到自己可以通过做空债务抵押债券来赚钱，当时团队内部的投资伙伴都觉得他一定是疯了，他们坚信房地产在未来数年都会非常繁荣，而现在做空债务抵押债券只会白白赔钱，他们更希望再等两年看看。保尔森没有听他们的劝告，坚持做空债务抵押债券，结果到了 2007 年，美国爆发了严重的次贷危机，并且引发了全球性的金融危机，整个华尔街哀鸿遍野。那些扬言 2010 年之前的投资都是稳定的投资者，最终亏得血本无归，而保尔森管理的两只基金却分别升值了 590% 和 350%，他成功赚到了 37 亿美元，一举成为华尔街富翁。

一般来说，人们迫切地想要知道什么时候会发生什么事，主要出于两个目的：第一，重点关注相关项目的快速增长，人们希望可以把握财富增长的高点，在到达这个高点之前，他们会想办法赚到更多的财富，而不会轻易提前撤出。第二，重点关注相关项目的亏损，人们会担心未来某一天遭遇灾难及破产的风险，因此他们会预测这一天到底是什么时候，并且试图在这一刻到来之前，尽可能获取更多的利益。

可是考虑到市场波动具体时间的不可预测性，人们无法给出一个精确的时间点，因此在预测的时候，需要立足长远，用长线操作的策略来分析和预测相关的情况，只要掌握大致的发展趋势和发展方向即可，只要了解自己所投资的项目将来是否赚钱即可，至于什么时候会赚钱，什么时候亏损，并不用过度在意。很多出色的投资者和商人都会强调"模糊的精确"这个概念，只要对相关事项发展的基本趋势做一个大致的了解就可以了，然后针对这个趋势做一个基本的分析和判断，确保自己的利益不会受到损害。

Chapter

做好风险管理，保证资金安全

创业和投资的前提是避免亏钱

投资大师格雷厄姆曾经历过20世纪20年代末到30年代初的金融危机，他本人也在股市中亏损了一大笔钱，甚至因为贪婪，连自己投资的本金也全部亏掉了。这样惨痛的经历让他幡然醒悟。后来，他和戴维·多德合著了一本书：《证券分析》。在书中，他直接给出了一个最中肯的建议：无论投资什么项目，首先要做的不是计算好自己应该赚多少钱，能够赚到多少钱，而是先要努力保证自己投入的本金不会出现亏损。这才是项目投资和经营管理的核心。

格雷厄姆制订的这个投资标准和投资理念很快成为行业内的标杆，许多著名的投资人、创业者和商人都将其奉为圭臬，他们纷纷按照这样的理念来管理自己的资产，并合理管控各类项目投资。许多人或许会感到好奇，投资者、管理者、创业者不都是以赚钱为主要目的的吗？既然大家的首要任务是赚钱，那么最重要的不是应该分析哪些项目的回报率更高吗？创业、投资本身就可能会出现亏损，这样的事情再正常不过了，毕竟谁也不能保证自己的项目一定稳赚不赔，"不轻易出现亏损"的投资心理毫无疑问显得有些过于牵强了。

而这正是格雷厄姆所担心的。他认为正是因为人们会习惯性地认为"投资有可能会亏钱""投资亏钱很正常"，所以他们就有可能放松对本金的保护，坚信创业和投资拼的就是胆量，甚至采取更加冒进的策略。按照格雷厄姆的说法，一个人可能会选择一些不好的项目，但一定要保证资金尤其是本金的安全，因为只有保护这些钱，自己在做出错误的投资时，才有机会继续试错，才有能力继续把握各种商机。如果不注意控制亏损，那么多数人可能只有一次机会。

对于创业者和投资者而言，"永远都不要轻易出现亏损"应该成为至关重要的一条法则和理念。虽然创业、经商和投资本身就容易产生盈亏，人们不能保证自己所有的创业项目和投资项目都可以赚到钱，更不可能一开始就赚到很多钱，但主观上对于亏损的防备要做到位。这里所强调的不要亏损并不是单纯地不经历亏钱的过程，而是一种长线投资的策略，也就是说，创业和投资的过程中可以接受暂时的起伏，但从长远来看，个人投资、经营和管理的项目必须带来更多的收益，而且即便是项目经营不善，人们也应该保护自己创业和投资的本金，确保这笔钱不会亏损。

假设某人花费 300 万元投资了一家酒店，一开始酒店的生意很好，每年都可以带来不少分红，可是两三年之后，酒店发展后劲不足，之前的竞争优势逐渐被抹平，以至于营业额不断下跌，酒店开始出现亏损。无论从大环境来看，还是从酒店自身存在的问题来分析，酒店未来的发展都很不明朗，很难有什么起色。这个时候，投资者就要及时止损，卖掉手里的股份，以免本金出现大额度亏损。保护自己的本金，是创业者和投资者在赚钱之前需要明确的第一条准则，也是最基本的一条准则。

著名的投资大师塞思·卡拉曼是一个出色的价值投资者，他也认为无论是创业还是投资，其中的一条底线就是避免本金亏损。在他看来，保持创业和投资的稳健性始终是第一位的，任何人在进行创业和投资的时候，能不能赚到钱是其次的，最重要的是必须保证自己的本金不会遭受波及。按照卡拉曼的说法，每一个创业者和投资者进入市场的目的都是为了赚钱，他们迫切地希望自己的每一笔投入都可以有丰厚的回报，但个人的能力及一些意外因素往往会导致投资遭遇一些挫折，人们必须对潜在的风险做出评估，自己的投资是否存在重大风险，必须想办法找出那些可能带来亏损风险的因素，确保自己的投入和投资组合不会导致资本的大量流失。

一般情况下，为了避免本金出现亏损，卡拉曼会建议创业者和投资者选择设置一些风险管控机制，确保整个企业的风险得到监控和限制。比如卡拉曼就说过，一个创业者和投资者绝对不能犯下大错，因为一次大错就足以摧毁自己多年来的心血，足以让人们失去大量的财富。在一些关系重大的事项上，他建议人们保持理性和克制，不要轻易做出决定，应该反复推演，反复思考，确保中间任何一个环节都不会存在重大的漏洞。

卡拉曼还认为，想要避免亏损或者说减少亏损，那么在创业和投资的时候，就需要非常认真地给自己做一次评估，弄清楚自己的行为是否会导致亏损，弄清楚自己所能负担的亏损程度。一旦亏损超过了自己承受的范围，就必须及时止损。比如某些人可能最多只能承受股价下跌30%，那么股价下跌30%的时候，就要及时退出以止损。

总的来说，人们在追求财富的时候，需要设置一条亏损的心理红线，只要触及了这条红线，就要提前撤退，确保自己不会出现太多的亏损。一般来说，经济条件更好、资金更加充裕的人，止损的红线会设置得高一些，而经济实力有限的人设置得相对低一些。人们必须对亏损保持警惕，无论什么时候，都要将保护本金放在投资的首位，毕竟只有保全了本金，才有机会在撤出投资之后寻找更加合适的投资标的。

放弃沉没成本，及时止损

经济学家曾经做过一个实验，让参与实验的企业家解决这样一个问题：假设参与实验的企业家是航空公司 A 的董事长，为了开发一个"隐形飞机"的新项目，投资了千万元的资金，可是就在这个项目完成了其中 90% 的研发工作时，另外一家航空公司 D 竟然成功研发出同类型的隐形飞机，已经开始进行市场宣传。更重要的是，这家航空公司研发的隐形飞机更便捷、更实惠，具有很大的竞争优势。

面对这样的竞争态势，即将完成研发工作的航空公司 A ，是否还会继续将剩余的研究经费投入隐形飞机的项目当中？

经过多次实验，经济学家发现有 85% 参与实验的企业家都倾向于继续完成此项目，尽管他们都明确地意识到即便完成的项目在市场竞争中处于劣势，仍旧不愿意浪费之前 90% 的投入。在这之后，经济学家开启了新一轮的测试，所有参与的企业家并没有被明确告知已经投入了多少资金，这个时候，只有 17% 的测试者选择继续投入。

为什么会出现这样的情况呢？经济学家经过分析，认为决定企业家是否继续投资的关键在于沉没成本。一般情况下，人们在做相关决策时，往往会受到过去所投入的时间、金钱、精力等因素的影响，对于先前付出的东西，以及投资的事项继续保持强烈的忠诚度，并不愿意轻易放弃。例如，人们在创业时可能会建造厂房，购买土地和机器，招聘大量的人才，这些开支就属于沉没成本，无论创业者是否决定继续投资，这些成本都是不可挽回的。而一旦创业者打算放弃这个项目，就必定要考虑沉没成本带来的影响，这就使得很多人明知道继续创业也不会带来好的结果，仍旧不愿意放弃。

在现实生活中，沉没成本的影响是很大的。比如，一些人在做生意时，一旦发现客户产生了购买需求，就会要求对方先支付一定数量的定金。这个时候，客户想要反悔的可能性就会降低，因为这一笔定金已经成为"沉没成本"。如果客户不打算购买产品，那么这笔定金就完全打水漂了。

在考虑沉没成本的时候，人们越是在意它，往往越容易受到干扰，并因此做出错误的决策。从心理学的角度来说，许多人之所以不愿意放弃沉没成本，通常和侥幸心理、认知失调有关。当他们在某件事上付出大量的时间、金钱和精力之后，就会渴望获得更多的回报和收益，如果放弃沉没成本的话，就意味着也放弃了预期的收益，这个时候，人们在内心深处就会产生抵触情绪。为了满足"投资将会获取收益"的心理预期，人们通常会继续加大投入，哪怕他们意识到继续亏损的可能性正在增加，或者已经出现亏损，也会想尽办法赌一把，不断给自己输出一些正面的暗示。

对于那些具有财商的人来说，一旦意识到自己无法从中获取预期的收益，他们就会选择及时放弃沉没成本，而不是心存侥幸，总是想着自己可以改变现状，可以等到形势好转。

2017 年，中国银保监会发布授信风险排查函，王健林的万达也在名单之上。这个新闻迅速扩散开来，此前几年时间两度登顶中国首富的王健林迅速成为大家嘲讽的对象，万达股票持续下跌，甚至一度逼近跌停，而王健林几乎在一夜之间"缩水"一半的身家，万达更是背上了 6000 亿元的负债。

在这样的困境中，王健林坚决选择断臂求生。2017 年 7 月，万达和融创、富力进行了一场商界瞩目的"世纪大交易"。在这一次交易中，王健林一口气将万达名下的 13 个文旅城资产和 77 家酒店，以 650 亿元的超低价贱卖给融创和富力。当时的舆论都为王健林感到可惜，毕竟这些资产也曾是万达的优质资产，以这样的低价出售实属无奈。许多人在这之前就劝说王健林不要冲动，毕竟贱卖之后，自己将会面临巨大的亏损，但王健林心意已决，他认为万达必须做出变革，通过这一次的资产甩卖走上发展轻资产的道路。不仅如此，王健林果断进入医疗领域和健康领域，目前取得了不错的成绩，而同时代的很多地产商，明知道市场越来越不景气，仍旧不舍得降价甩卖资产，不愿意放弃之前的巨额投入，结果亏损越来越大，纷纷面临破产的困境。

沉没成本对于个人的决策往往会产生很大的影响，尤其会干扰个人的理性思维，当人们越是在意沉没成本，可能越容易意气用事。为了避免沉没成本失去价值，他们会在错误的方向上继续投入，以期做出改变，但从现实角度来说，这样往往只会让个人的发展被沉没成本深度捆绑。

想要成为一个更加成熟的投资者或者经营者，想要实现财富积累，一定要懂得做出取舍。一旦发现自己走错了路，意识到自己无法达到预期目标，就要选择新的道路，果断放弃之前的努力。虽然放弃大量的沉没成本有些可惜，但是被这些沉没成本捆绑只会造成更大的亏损。人们在计较沉没成本时，更应该立足长远，以未来的收益为主。如果自己的选择真的会带来更大的亏损，那么不妨果断放弃，选择更具发展潜力的项目。

尽早放弃那些不赚钱的项目

对于优秀的创业者和投资者来说，他们一直都在强调盈利。尽管他们非常善于打造合理的资产组合，但是在管理资产的时候，会不断分析、观察和挑选自己的项目。对于那些获利更好的项目，往往会追加投资，对于那些基本上不获利甚至出现亏损的项目，他们会毫不犹豫地放弃。

事实上，优秀的创业者和投资者为了保证收益最大化，会认真审核每一个项目的营收情况，即便是同一个项目，他们也会进行审核与挑选。比如，许多人在投资或者经营管理某个项目时，只看重总的收益，只要总的收益尚可，他们就觉得整个项目是可行的。而对于优秀的投资者来说，他们会将整个项目进行细分，明确项目中每一项业务的营收情况，哪些业务盈利高，哪些业务根本不赚钱。对于无法创造收益的业务，他们会立即抛弃，将注意力和资金集中在核心业务及其他盈利不错的业务上，或者选择一个新的业务替代盈利较差的业务，确保自己的利益最大化。

假设某人投资了 6 个项目，每年可以从这些项目中获取 300 万元的收益，从收益的角度来说，这个人可能会继续投资这 6 个项目，可是如果认真分析，就会发现这 6 个项目中有 3 个具有高回报率，两个项目的回报率比较一般，另外一个项目则面临亏损。这样的资产组合显然不合理。如果想要获得更大的收益，那么他就要将那些不赚钱的项目全部放弃。

除此之外，他还需要对每一个项目进行分析，比如他所投资的 3 个收益较高的项目中分别有好几项业务，而这些业务中有些可以带来很高的收益，有些收益很少，甚至可能出现亏损。这个时候，就需要消除那些不盈利的业务，重点发展那些高收益、高回报的业务，除非各项业务之间存在很强的联系，可以相互促进、相互提升，否则还是要保证自己将所有资源集中在回报更高的项目和业务上。

严格来说，不赚钱往往包含了两层意思：第一层意思，指某个项目从长远发展来看盈利空间很有限，甚至是亏损的，这个时候即便发现短期内可以实现不错的盈利，也不要为之心动，应果断放弃这个项目，将资金转移到更加安全且盈利更高的项目上。很多投资者会对投资标的进行分析，对投资标的进行估值，假设他们对某个项目的估值为 2000 万元，而投资达到了 3000 万元，那么经营过程中即便估值可能提升到 4000 万元，也不要痴迷这个项目，应该提前放弃这个项目。

第二层意思，那就是如果项目的盈利空间很小，或者几乎没有什么盈利，此时将资金投到这样的项目上是完全错误的，人们应该尽早放弃，以免机会成本越来越大。聪明的人会选择把钱花在其他更高回报率的项目上，而不是在一些盈利很微薄的项目上浪费时间和资本。

需要注意的是，人们虽然一直强调要保持长线投资的策略，尽可能长时间投资那些优质的项目，但从发展的角度来说，任何项目都会经历一个上升和下滑的过程，没有任何项目能永远保持强大的营利性，再好的项目最终也会逐步下滑，从高回报率的状态下跌到低回报率甚至亏损的状态。因此，人们需要把握时机，对项目的发展状态及时进行分析，确保自己持有的项目没有处于下行状态。一旦发现这些项目不赚钱了，就要立即将其踢出自己的项目投资清单，避免浪费。

假设某人购买了一个企业的股票，一开始，股票的价格从 20

元上涨到了 37 元，此后，股价开始慢慢下跌，那么这个持有者应该提前将股票卖掉，否则手里的股票价值会越来越低。比如，当股价下跌到 35 元时，虽然他仍旧赚到了 15 元的差价，可是相比于 37 元的顶峰价格，确实出现了亏损，这个时候他必须意识到随着股价的下跌，距离巅峰价格的差距越大，相对的亏损也就越大，只有提前卖掉股票，才能避免个人盈利的萎缩和下降，而一旦股价跌破 20 元的购入价，那么个人的投资就等于出现了亏损。

同样的，2000 年底，创维公司内部出现了严重的分歧，整个销售团队几乎走了一半人，加上与其他竞争者之间存在各种商业纠纷，直接导致公司的股价跌到 1 港元以下。这个时候，很多优秀的投资者嗅到了商机，他们出手购入大量的股票，因为在他们看来，创维的未来很出色，创维拥有出色的家电研发技术，还有高效的商业模式，眼下市场对它的估值显然太低了。正因为如此，投资者直接购入其大量的股票。短短几年时间里，创维公司的股票上涨到 8 港元，就在这个时候，他们主动抛售创维公司的股票，因为他们觉得这家公司的股价已经到顶了，继续投资的话会导致收益的下滑，所以他们提前做出了部署。

许多人存有侥幸心理，总是觉得自己的创业项目或者投资项目不赚钱只是暂时的，他们相信在未来的一段时间，这些项目会变得越来越好。这就导致他们经常越亏越多。如果对那些成功的商人和投资者进行分析，就会发现他们具有敏锐的嗅觉和快速的市场反应，他们只要发现自己的项目不赚钱，就会在第一时间选择退出，以免遭受更大的损失。对于普通人来说，需要保持谨慎的态度，拒绝侥幸心理。

任何时候，都要拥有充沛的现金

谈到个人财富的时候，很多人都比较看重自己有多少资产，名下有多少房子和厂房，账面上有多少收入，别人还欠自己多少钱等。但真正有钱的人、真正会做生意的人、真正擅长投资和积累财富的人，往往会秉持现金为王的观点。

假设某人经营一家工厂，每个月都要出售2000件产品，每件产品的成本为1000元，售价为1500元，按理说，每个月的纯收入为100万元。事实上，这家公司的最大客户每个月只会支付一半的货款，拖欠货款150万元。这就使得公司每个月的资金周转出现严重的问题，毕竟实际收到的货款只有150万元，但是每个月的成本开支达到了200万元，每个月还要额外支出50万元。

这家公司虽然账面的收益很可观，每个月都可以获得100万元的纯收益，但实际上，由于没能收到全部的钱，公司的财务压力会不断加大，而这样会严重影响到公司的正常运营，对公司其他方面的投资也会产生消极影响，一旦公司资金周转不灵，就可能陷入困境。

相比于账面上的收入和利润，人们应该更加重视现金流，尤其是现金。人们需要了解相关项目上的现金流通情况，如果现金充足的话，就表明企业还可以继续运营，如果账面收入可观，但是钱不能及时收回来，企业想要继续扩大生产和投资，相关的运营情况就会陷入困境。现金流被誉为企业的血液，它在现代企业经营管理及价值评估中扮演着重要的角色。很多优秀的投资人在挑选标的公司时，都会重点查看公司的现金流是否充足。现金越充足，意味着企业越具备继续投资的能力。通常情况下，一家企业的内在价值不在于它是做什么的，不在于它拥有什么样的资源和技术，最重要的是其是否具备将自身优势转化成为资金的能力，是否可以将相关的优势转化为充足的现金流。

对于创业者或者投资者来说，必须确保自己拥有充足的现金，以防备一些意外事件的冲击。尤其是当行情不好或者陷入泥潭的时候，企业或者个人的发展会受到制约，这个时候拥有充足的现金，也就意味着拥有更多的资本摆脱困境。比如，某人打算投资一个项目，那么在进行资金分配的时候，不能将身上的资金全部投入这个项目中，一定要确保自己手上拥有更充足的资金应对意外事件，预防个人投资亏损后没有足够的资金转危为安，也没有能力继续投资其他项目。同样的，一个创业者也不能将全部资金投入心仪的项目中，否则一旦创业失败，自己将失去翻身的机会。那些持有大量现金的人，可以在失败后继续寻找新的创业项目。

一般情况下，对于富人来说，他们拥有很多优质的资产，而且很多资产都可以兑现，即便如此，他们也会适当持有一些现金，确保自己有机会投资其他项目。当他们在创业遭遇严重的亏损时，自己的生活和事业也不会受到影响。而对于普通人来说，他们并没有太多的资金，因此，在进行资产配置时需要更加谨慎，无论是创业还是投资，都应该量力而行，并且保证自己留有一定的现金，因为他们本身的资金量很小，如果面临失败，那就很难有机会继续创业和投资了。因此，必须尽可能留下一笔资金，确保自己的生活不会受到影响。

需要注意的是，充足的现金是相对而言的，富人的资产很多，所谓的充足现金可能以百万元、千万元、亿元作为单位，而普通人的资产本身就很有限，对他们而言，充足的现金可能只能以千元、万元为单位。不同社会经济阶层的人，所拥有的现金不同，他们对于现金的需求也不一样，在强调个人持有充足现金的时候，需要依据具体的情况进行分析。

现金为王是个人生存和发展的一个重要理念，也是一个重要的保障，但是现金为王并不意味着留下的现金越多越好。

首先，现金过多往往表明个人对现金的利用率较低，个人的发展遇到了问题，或者说找不到合适的投资方向，以至于大量的现金花不出去，导致个人的发展陷入停滞。从发展的角度来说，这并不算是一件好事。

其次，通货膨胀会导致货币贬值，如果现金太多花不出去，那么潜在的贬值也就越多，如果没有找到抵御贬值的有效手段，那么现金在手上只会消耗更多的价值。

对于那些真正善于掌控财富、增加财富的人来说，钱需要保持一定的流动性，钱也只有在流动中才能创造更大的价值，才能发挥最大的作用。

最后一点就是安全问题，大量的现金留在身边并不安全，一旦发生意外，很有可能造成巨大的损失。因此，人们需要保证现金用于各种投资中。

总的来说，人们需要保留更多的现金抵御各种风险，并寻找投资的机会，但是从资产配置的角度来说，大量的现金留在手上并不能真正帮助自己增加财富。因此，人们需要合理控制手上的现金，一旦找到好的项目，就要支出一部分进行投资。

选择那些不用操心就能稳定发展的项目

许多人在寻求致富的道路上，会优先选择那些潜在收益巨大，能够在短期内带来惊人回报的项目。但在很多时候，项目的收益和风险是成正比例的，人们做一件事获得的潜在收益越大，所承受的风险往往越大，项目的成功率也越难得到保证。不少人秉持"高风险才有高回报"的投资理念和创业思维，这样的人更容易被那些高回报、高收益的项目所诱惑，或者说他们的重心都放在高收益上，这就导致他们的致富心理更为偏执。真正懂得积累财富的人，往往不会盲目寻求那些高回报的项目，他们会将回报率与项目发展的稳定性紧密结合起来，确保自己拥有稳定收益的同时，可以不用为自己经营和投资的项目感到担忧。

投资大师塞斯·卡拉曼就是一个非常保守的投资人，在投资方面，他一直都强调一点：人们必须找自己了解且有把握的公司或者项目。他觉得好的投资标的应该具有很大的成长空间，在未来可以带来很大的投资回报，更重要的是，人们不必为之操心。不过这样的企业并不多见，而且通常很难对其进行有效评估，但那些让人放心的投资标的仍旧具有一些鲜明的特征。

比如，原始资本基金及其母公司第一太平洋顾问公司的主管乔治·米凯利斯一直都在坚持使用一个著名的投资理论：购买"咖啡罐型股票"。

所谓的咖啡罐型股票，指的就是那些投资者在 5 年时间内都对其稳定上涨和升值完全不用操心的股票。也就是说，当某人购入一只股票之后，即便 5 年时间不闻不问，也依旧会带来稳定收益。

投资大师鲍勃·科比也认为一个好的项目应该具备稳定的成长空间，在人们选择投资和经营该项目的时候，基本上不用花费什么心血，不用为它的发展而担心，有时候什么也不用做就可以等着它升值。人们只要选择了这样一个好项目，就完全不用为之操心，可以采用长线投资策略，慢慢等待稳定而持续的回报。

许多人一生都在寻求这样的好项目，但是只有少数优秀的人才能把握机会。如果对那些出色的投资人和创业者进行分析，就会发现他们并没有像想象中那样激进，他们所选择的项目或许并不是回报率最高的，但绝对称得上稳健。相比于那些一年就能创造 50% 甚至 100% 回报率的项目，他们更加倾向于每年都可以带来 15% 左右稳定收益的项目。这一类项目从单个年份来看，创造的营收可能不算太高，但它们的价值在于足够稳定，人们根本不用担心它们会出现太大的波动和起伏，不用担心它们的发展会急转直下。

一般来说，这一类不需要过分操心的项目具有以下几个特点：

首先，这些项目竞争优势明显，拥有持续创造收益的能力，可能连续几十年都可以带来稳定的收益，偶尔的波动也无法影响它整体上升的发展趋势。

其次，这些项目拥有很好的管理层，经营管理能力强大。整个项目拥有相对稳定的管理结构和运行流程，体系非常健全，能够长久维持正常运转。

再次，这样的项目并不会持续消耗太多的成本，创业者和投资者在盈利的同时，不必担心持续的巨额投入。

最后，这类项目通常比较隐晦，并不容易被人发现，因此经营项目或者投资项目的人面临的竞争压力比较小。

想要投资一家不用操心的企业，除了必须确保这家企业拥有稳定持续的收益之外，还必须确保企业拥有良好的商业模式、优秀的企业文化和战略眼光、成熟而睿智的领导、充沛的现金流，以及强大的品牌，这样才能保证其拥有更加稳定的发展模式。也正因为如此，那些优秀的企业具有良好的内部运转系统，总是可以非常轻松地做出一个又一个决定。而那些表现向来糟糕的企业，往往在各种各样的抉择中摇摆不定，缺乏战略执行能力。

许多人认为不需要过分操心的项目往往都是持续高营收、高回报的，实际上，很多所谓的高营收、高回报都是短期的，毕竟几乎没有项目可以连续很长时间都保持高回报率。比如，一个项目在某一年的回报率可能突破 50%，但是它不太可能连续十几年、二十几年、三四十年都保持这样高的回报率。

米凯利斯就喜欢投资咖啡罐型股票，其中比较典型的就是梅尔维尔公司。这家公司实力强大，管理层的实力同样出众，经营管理水平很高，而且拥有很好的商业模式，更重要的是，它始终保持稳定的增长态势。以 1999 年～2008 年这个时间段来分析，公司在 10 年时间内，红利和账面价值基本上每年都以 15% 的速度增长，平均的资产收益率更是达到了惊人的 24%。

在米凯利斯看来，选择那些不需要操心就可以持续盈利的项目，最重要的还是应该注重长远发展的趋势，从长远的角度来分析项目的发展情况，这样才能真正判断一个项目是否足够稳定，足够让人放心。

对于那些想要快速积累财富的人来说，稳定性比单纯的高回报更加重要，可持续的财富增长比一次性的高增长更加重要，如果人们可以选择一个不用操心就能够帮助自己慢慢积累财富的项目，往往可以更稳定地获取财富。

总的来说，项目的稳定性是人们创业、投资时首要考虑的因素，只有那些能够长时间保持稳定盈利的项目，才能够更好地实现财富的积累。如果一个项目让人长时间操心，让人觉得心里不踏实，那么对大多数人来说，应该提前选择放弃，以免在巨大的压力面前丧失信心和耐心，甚至做出误判。

后 记

  《赚钱之道：写给普通人的致富心理学》一书并不像其他"×××致富经典"或者"×××赚钱法则"之类的作品。在最初立项的时候，我翻阅了大量的心理学书籍，也翻阅了很多有关如何致富的书籍，为了更好地了解赚钱的逻辑和潜在的思维模型，我又特地采访了很多成功人士和富翁，试图了解他们赚钱的方法。在掌握了大量的第一手资料的情况下，我对人们应该如何赚钱尤其是普通人应该如何培养正确的赚钱思维有了更加透彻的理解，最终下笔完成了这本书。

  尽管理论指导与现实操作永远无法完全等同，但在这里还是衷心地希望每一位读者都可以从这本书中汲取自己所需要的养料，能够在书本中找到适合自己赚钱的方法，能够感悟到这些理论知识背后的经验和方法，并获得实质性的启示。

  本书中谈到的很多内容都是源于生活，源于现实的，和人们的生活息息相关。本书中所写的无论是学习合理的赚钱模式，还是做好自我管理与自我定位；无论是强化心性，还是拓展视野，都注重与现实情况相结合，具有很强的可操作性。读者在了解了更多的致富方法和致富模式的同时，完全能够构建积极的、合理的致富思维，养成良好的赚钱习惯，真正运用心理学赚钱，真正实现财富积累。

我曾在网络上发布一些篇章和内容片段，后来获得了不错的反响，不少读者专门来信，分享了自己在阅读之后的收获；不少人依靠书中的思维逻辑和方法，调整了自己的理财行为和赚钱模式；不少人使用心理学方法，不断优化自己的财务。他们或多或少都取得了一定的效果，更重要的是，他们都坦言自己正慢慢感悟财富增长的密码，个人的思维层次对比之前有了明显的提升。这些变化再次证明了一点：那些真正科学合理的致富方法，虽然并不适用于每一个人，但潜在的逻辑是通用的，它们具有很强的指导性，对每一个人都有帮助。也正是因为如此，一些读者还能学以致用，根据自己的亲身经验，为本书提供了宝贵的建议，包括赚钱方法的补充和现实操作的一些经验分享，这些都让我们倍感欣慰。

得益于大家的热情参与与真诚反馈，本书在最终完稿之前，得到了进一步的完善。所以，在本书的末尾，我先在此对所有参与本书制作、编辑以及信息反馈的人给予感谢。同时，我也希望每一位读者都可以从书中找到适合自己的赚钱方法，并且不要停止实践的脚步，持续进步，持续优化，真正在心理层面、思维层面上拔高对财富的认知，重新认识赚钱的机会，重新认识财富的逻辑，重新认识自己的能力，并借助这种认知开辟一条属于自己的充满智慧与成功的财富道路。我相信，那些在书中有所体验、有所感悟、有所收获的读者，一定会在未来获得成功。